世界中で話題の会話型AI

ChatGPT 120%仕事術

ChatGPTビジネス研究会

宝島社

本 書 の 注 意 点

●本書は、2023年8月中旬の情報をもとに掲載しています。製品、サービス、アプリの概要などは、事前のお知らせなしに内容・価格が変更されたり、販売・配布が中止されたりすることがあります。あらかじめご了承ください。

●本書では、Windows 11/10、Google Chrome、Excel（Microsoft 365バージョン）、Word（Microsoft 365バージョン）のそれぞれの最新版をもとに画面を掲載し、動作を確認しています。OSのバージョンや機種によっては、動作や画面が異なることがあります。

●本書に掲載したアプリ名、会社名、製品名などは、米国およびその他の国における登録商標または商標です。本書において、TM、©マークは明記しておりません。

●本書の掲載内容に基づいて操作する場合、操作ミスなどによる不具合の責任は負いかねます。

●本書に関するご質問は、ファクス（03-3239-3688）または封書（返信用切手を同封の上）のみで受付いたします。追ってファクスまたは封書で回答させていただきます。内容によっては、回答に時間を要することがございます。

●本書では、紙数の関係でChatGPTの回答の一部を省略しています。省略した箇所には「中略」または「後略」と示しています。

●ChatGPTは、毎回異なる回答を行います。本書に掲載した回答は、一例に過ぎません。

はじめに

本書では、2022年11月に公開された文章生成AI「ChatGPT」を仕事に活用するための方法を紹介しています。ChatGPTは、AIを使って自然言語処理の技術を応用し、あたかも人間が書いたかのような文章やプログラムのコードなどを生成することができます。

ChatGPTが登場した2022年は、「生成AI元年」と呼ぶ人もいるくらい、注目に値する生成AIが次々に登場した年でした。

画像生成AIの「Stable Diffusion」「Midjouney」「DALL・E 2」が公開され、あっという間に多くの人を虜にしました。とくに、イラストを描く人にとっては衝撃的な出来事であり、ネットでは、登場から1年が経った今でも是非についての論争が続いています。

コンピューターの歴史は、パソコン、インターネット、検索エンジン、スマホ、SNSといったエポックメーキングな製品・サービスが牽引してきました。文章生成AIは、間違いなく、その1つになるポテンシャルを秘めています。ただ、文章生成AIはその特徴を正しく理解していないと、思わぬトラブルに巻き込まれたり、投資に対するリターンを得られなかったりする恐れがあります。

そこで、本書では、ChatGPTの基本知識から始めて、実際に使ってみるための登録手順、使いこなしのキモとなる「プロンプト」の書き方、何に使えるかを示した応用例、Microsoft Officeとの連携方法などを解説しています。

読者のみなさんは、これらの知識を学ぶことにより、ChatGPTは「何ができるのか」「何が得意なのか」「何が不得手なのか」を頭に入れておくようにしてください。ChatGPTなどの文章生成AIの活用は、今後のデスクワークの大半で必須のアイテムとなる可能性が高いといえます。また、実務で利用する機会がなくとも、生活の中で接する機会は増えていきます。そのときに、戸惑ったり、誤解したりしないためにも、本書の知識は役に立つはずです。

なお、本書は2023年8月中旬時点での最新機能をなるべく解説することを心がけています。有料版の「ChatGPT Plus」ユーザー向けに提供されている「Code Interpreter」やプラグインについても紙数をできるだけ割きました。

本書が、ChatGPTの使い方を学びたい人の助けとなることを心より願っています。

CONTENTS

CHAPTER 1 ChatGPTの基本知識を知っておく

CHAPTER 2 ChatGPTを使ってみよう

CHAPTER 3 効果的なプロンプトの書き方

CHAPTER 4 文章や企画を作成する

CHAPTER 5 Microsoft Officeと連携する

CHAPTER 6 ChatGPTをもっと便利に活用する

◎ 本書で紹介したスマホアプリの QR コード

本書で紹介したスマホアプリをインストールしたいときは、以下のQRコードを読み込んでご利用ください。

ChatGPT

作者：OpenAI
価格：無料（アプリ内課金あり）

iOS　Android

Bing：AI & GPT-4 とチャット

作者：Microsoft Corporation
価格：無料

iOS　Android

AIチャットくん（LINE版）

無料プラン：1日5回まで利用可能
プレミアムプラン：980円（月額）

AIイラストくん

無料プラン：1日3回まで利用可能
ライトプラン：1980円（月額）1日30枚まで利用可能
Proプラン：6980円（月額）無制限に利用可能

本書の読み方

見出しに【Plus】が付いている節は、有料版「ChatGPT Plus」特有の機能について解説しています。
本書は、ChatGPTの初心者から中級者までを対象としています。ChatGPTが何かを知らない人は、最初からCHAPTER 4までを読むようにしてください。すでにChatGPTについてある程度知っている人で、使い方を学びたい人はCHAPTER 4以降をお読みください。ChatGPTの最新の使い方を知りたい人は、CHAPTER 5以降に目を通すと役に立つはずです。ChatGPT以外の文章生成AI、および簡単に使える画像生成AIについては、CHAPTER 7にまとめました。

CHAPTER

1

ChatGPTの基本知識を知っておく

01 ChatGPTとは何か

ChatGPTは人間のように会話できる

2022年11月、米国の非営利法人OpenAIが公開した対話型AIサービス「ChatGPT」は、ごく短期間のうちに多くのユーザーを集めました。ChatGPTが集めた、5日間で100万人、2カ月で1億人というユーザー数は、前代未聞のペースでした。ユーザーが1億人に達するまで、X(旧Twitter)が約5年5カ月、Instagramが約2年5カ月、TikTokでさえ約9カ月かかりました。それらのペースを大幅に上回ったわけです。

さらに、**ChatGPTがビジネスの分野に深く浸透すると、近い将来にホワイトカラーの仕事の大半に影響を与えるといわれています**。はっきりとChatGPTやその類似サービスを導入したことによって、大規模なレイオフが引き起こされたという例はまだありません。しかし、経済学者でオックスフォード大学准教授のカール・フレイはChatGPTなどの技術は、原稿執筆や音楽、イラストなどのグラフィックデザイン、プログラミングのようなクリエイティブ産業に競争をもたらし、賃金の低下を招く可能性があると指摘しています(注)。もちろん、営業やマーケティングにも影響が及ぶことは間違いないでしょう。今はまだどのように使えるのかを試行錯誤し、さまざまなサービスが登場している状況ですが、業務が劇的に変わってしまう業界や職種が出てくることも十分考えられます。そんな大きな影響を持つChatGPTとは、いったいどんな存在なのでしょうか。

ChatGPTは「Chat Generative Pre-trained Transformer」(チャット生成可能な事前訓練済みトランスフォーマー)の略で、あたかも人間のように会話形式でテキストを生成し、質問に答えることができ、指示にしたがってデータ処理をすることが可能なシステムです。

ChatGPTは、人間が生成した大量のテキストを集めたデータの集合体で学習しています。この集合体を大規模言語モデル(LLM：Large Language Model)といいますが、ChatGPTは「GPT-3.5」というモデルに基づいて作られました。なお、さらに大規模で精度の増したGPT-4も利用できるようになっています。

(注)以下のURLを参照のこと
https://www.androidheadlines.com/2023/02/chatgpt-lead-lower-wages-economist-who-famously-predicted-automation.html

◎ ChatGPTには何ができるのか

ChatGPTは、これまでのAIよりもずっと人間に近いテキストを書くことができます。**雑談をしたり、詩を作ったり、ディベートを行ったり、電子メールを書いたり、ジョークを言ったり、簡単なプログラムのコードを書いたりできます。**しかも、そのテキストを書くための指示を日本語や英語のような自然言語で、人間に命じるかのような文章で行うことが可能です。自然言語で指示し、人間であるかのように自然な文章を返してくることから、広い用途が考えられます。

一方で、絵やイラストを出力したり、音楽を作曲したりする機能は現在のところ、搭載されていません(注)。後述するプラグインを使えば、部分的には可能になりますが、**ChatGPTは文章生成AIなので、テキストを作り出すのが得意なのです。**

では、どんな形でのやりとりができるのか、ここでChatGPTの画面を紹介しましょう。

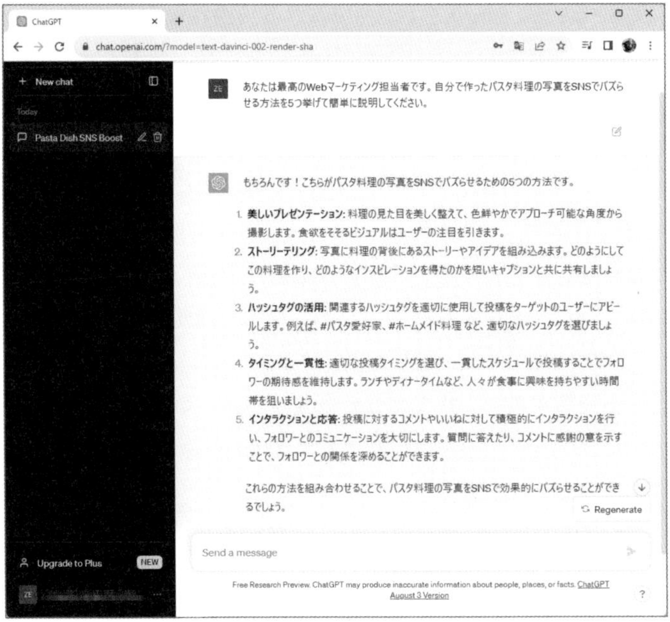
ChatGPT
chat.openai.com/?model=text-davinci-002-render-sha
New chat
Today
Pasta Dish SNS Boost
あなたは最高のWebマーケティング担当者です。自分で作ったパスタ料理の写真をSNSでバズらせる方法を5つ挙げて簡単に説明してください。
もちろんです！こちらがパスタ料理の写真をSNSでバズらせるための5つの方法です。
1. 美しいプレゼンテーション: 料理の見た目を美しく整えて、色鮮やかでアプローチ可能な角度から撮影します。食欲をそそるビジュアルはユーザーの注目を引きます。
2. ストーリーテリング: 写真に料理の背後にあるストーリーやアイデアを組み込みます。どのようにしてこの料理を作り、どのようなインスピレーションを得たのかを短いキャプションと共に共有しましょう。
3. ハッシュタグの活用: 関連するハッシュタグを適切に使用して投稿をターゲットのユーザーにアピールします。例えば、#パスタ愛好家、#ホームメイド料理 など、適切なハッシュタグを選びましょう。
4. タイミングと一貫性: 適切な投稿タイミングを選び、一貫したスケジュールで投稿することでフォロワーの期待感を維持します。ランチやディナータイムなど、人々が食事に興味を持ちやすい時間帯を狙いましょう。
5. インタラクションと応答: 投稿に対するコメントやいいねに対して積極的にインタラクションを行い、フォロワーとのコミュニケーションを大切にします。質問に答えたり、コメントに感謝の意を示すことで、フォロワーとの関係を深めることができます。
これらの方法を組み合わせることで、パスタ料理の写真をSNSで効果的にバズらせることができるでしょう。
Regenerate
Upgrade to Plus
NEW
ZE
Send a message
Free Research Preview. ChatGPT may produce inaccurate information about people, places, or facts. ChatGPT August 3 Version
?

ChatGPTの画面。上の2行がユーザーによる入力(プロンプト)。残りがChatGPTからの回答。回答は数秒程度で出力される

(注)ChatGPTと似た機能を持つBing AIでは、画像の出力が可能。Googleが提供するBardの英語環境では、画像をアップロードして分析する機能が利用できる。また、テキストを入力すると、音楽が出力されるサービスも登場している。

◎ ChatGPTはどういったしくみなのか

人間がChatGPTに対して何らかの文章を入力すると、事前訓練されたGPTに基づいて、入力された文章に答えようとします。その際、会話を続けるために最適だと予想される回答を生成します。

GPTは、大量のテキストデータから単語間のつながりと関係性を学習しています。これにより、入力された文章の文脈を考慮し、次に来る可能性の高い単語を予測します。それらの単語を順番に並べていき、回答の作成が完了するまで続きます。

つまり、**なるべくありそうな単語の羅列を作り出すしくみなのです**。ただし、単語を並べるときに確率的な操作も行い、最もありそうな単語の並び方以外も採用されるようになっています。そのため、回答にはある程度のバラツキが生じ、同じことを聞いてもまったく同じ回答は返ってきません。

◎ ChatGPTは何に使うべきなのか

文章を生成する場面すべてで、ChatGPTが利用される可能性があります。たとえば、ロボットにChatGPTを組み込めば、ロボットが自然な日本語をしゃべり始めることでしょう。現在のAIによる合成音声技術を組み合わせれば、人間と会話するロボットを作るのは難しくありません。

ビジネスの現場でChatGPTを活用したいのであれば、本書のCHAPTER 4で紹介するように、メールの下書きや企画書の作成、アンケートの項目作成や結果の処理、文章の要約や校正などが身近な用途になります。ChatGPTを用いる基本方針としては、**人間の「考える」や「書く」といった時間のかかる行為の補助をやらせるのが最も始めやすく、また効果が現れやすいでしょう**。

ただし、**有料プランを契約すると、状況は変わります**。詳しくは16ページ以降を参照してほしいのですが、Code Interpreterやプラグインが利用できるようになり、ChatGPTの機能は大きく広がります。

COLUMN

プログラミングへの応用に注目

日本と海外とでは、ChatGPTの利用方法にやや違いが見られます。その1つがプログラミングへの応用です。米国のある調査によると、ChatGPTの用途の第1位がプログラミングの補助です。一方、日本では、プログラミングへの利用率はあまり高くありません。

02 ChatGPT利用時の注意点

便利だからこその誤った使い方に注意する

ChatGPTは登場したばかりのツールです。そのため、誤った使い方やそれを推奨するような情報も見られます。ここでは、誤った使い方を防ぐための知識について解説します。

◎ ChatGPTは正解を返すとは限らない

これがユーザーにとって最も引っかかる問題でしょう。ChatGPTは、与えられたプロンプトの続きにくる言葉を計算して回答します。プロンプトで与えられた条件は回答に影響を与えますが、**論理的に考えるわけではなく、ネット検索して情報を探るわけでもありません**。そのため、しばしば誤った内容を回答します。

また、内部の問題により会話内容と関係のないことを出力したり、未来の出来事について聞かれて、自信満々に架空の情報を回答したりします。これらの問題をまとめて「**ハルシネーション**」と呼びます。

◎ ChatGPTに最新情報をたずねてはならない

ChatGPTはGPT-3.5またはGPT-4に基づいた回答を返しますが、**いずれの言語モデルも2021年9月までの情報しか含まれておらず(これをカットオフといいます)、それ以降の情報をたずねると「わからない」と答えるか、誤った回答を返します**。

最新情報をベースにしたいときは、ChatGPTにWeb検索用のプラグインを導入するか、Bing AI(164ページ参照)、Perplexity(166ページ参照)など別のツールを使いましょう。ただし、それらのツールも検索先のソースが誤っている場合は、誤った情報を返してきます。信頼できる検索先の情報を組み合わせて、より正しい情報に仕上げていく能力は、現在のAIにはまだ備わっていません。部分的には可能ですが、不十分です。

◎ ChatGPTはありふれた回答を返しがち

ChatGPTにアイデアを出すように頼むと、よくある発想で回答してくるため、あまり役に立たないといわれがちです。これは、**ChatGPTが意図的に中立的な立場をとるように設計されているからです**。

もしどうしても独創的なアイデアが欲しいときは、プロンプトでありふれた回答を避けるように明示的に指示する必要があります。

◎ ChatGPTには論理的な思考力や計算力がない

ChatGPTに小学校高学年が学ぶような算数の問題を出すと、たまに間違えることがあります。また、論理パズルを解くように指示しても、なかなか正解にたどり着きません。

これは**ChatGPTには計算する機能がなく、論理的思考を行う機能も備えていないからです**。どうしても計算や論理的な推論をさせたいときは、その過程をサンプルとして事前に与える必要があります。すると、それを真似して計算を実行できます。

◎ ChatGPTに送信してはいけない情報がある

ユーザーがプロンプトに個人情報や機密情報を含めてしまったとき、その情報が学習に使われ、ほかのユーザーの回答に混じってしまうことが考えられます。これを避けるには「入力した情報を学習に使わない」という設定にする必要があります。また、学習に使われないとしても、組織外に向かって送信すること自体が違法となる機密情報もあります。

ChatGPTからどのような文章が生成されたにせよ、責任はユーザーにあるという規約になっています。利用時はその点に十分注意する必要があります。

知らないことを聞いてはいけない

ここで、初心者がよくやりがちな誤った使い方を挙げておきます。

ChatGPTには、自分が知らないこと（真偽がすぐに判断できないこと）を聞いてはいけません。たとえば、「スペイン語を公用語とする国をすべて挙げて」とChatGPTに聞いてみたところ、プロンプトを入力するたびに回答が変わってしまい、不安定です。

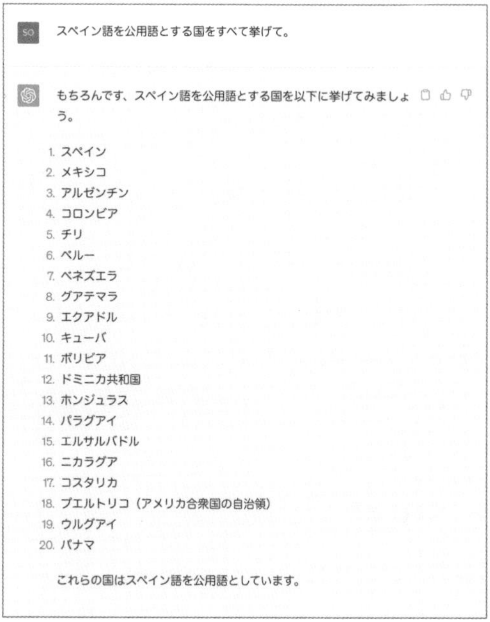
SO
スペイン語を公用語とする国をすべて挙げて。
もちろんです、スペイン語を公用語とする国を以下に挙げてみましょう。
1. スペイン
2. メキシコ
3. アルゼンチン
4. コロンビア
5. チリ
6. ペルー
7. ベネズエラ
8. グアテマラ
9. エクアドル
10. キューバ
11. ボリビア
12. ドミニカ共和国
13. ホンジュラス
14. パラグアイ
15. エルサルバドル
16. ニカラグア
17. コスタリカ
18. プエルトリコ（アメリカ合衆国の自治領）
19. ウルグアイ
20. パナマ
これらの国はスペイン語を公用語としています。

ChatGPTに聞いてみたところ、20カ国が挙げられた。実際は、21カ国が正しいとされている（プエルトリコを国としてカウントした場合）が、18カ国や19カ国になることもある。カウントから漏れてしまう国も、プロンプトを実行するたびに変わる

参考までに、ほかの生成AIを試してみたところ、Bing AIやGoogle Bard、Perplexityにもばらつきがあります。プロンプトを英語に切り替えると、Perplexityの回答は21カ国になりましたが、ほかは安定した回答を返しません。

これでは、事実を知りたいときに役に立つとはいえません。とくに、ChatGPTはネット検索を回答のベースにしないため、「ネット検索で調べると真偽がはっきりすること」「回答が正しいかどうかを瞬時に判断できないこと」をChatGPTに聞くのは正しい使い方ではないのです。

03 有料プランのメリット

有料プランはやや高価だが、その価値はある

ChatGPTは、アカウントを登録すれば無料で利用できます。しかし、**有料プランの「ChatGPT Plus」にアップグレードすれば、さまざまな恩恵が受けられます。**料金は月額20米ドル（約2900円）なので、決して安くはありませんが、使い方によっては十分メリットがあるはずです。

では、有料プランにはどんなメリットがあるのでしょうか。

◎ GPT-4を利用できる

無料プランではGPT-3.5しか利用できませんが、**有料プランではGPT-4を使えます。**GPT-4は、OpenAIの大規模言語モデルとしては最新のもので、同じプロンプトに対してもGPT-3.5より高品質な回答を提供することが可能です。ただし、回答を作成するスピードはGPT-3.5よりも下がります。

◎ GPT-3.5の回答が速くて安定している

無料プランよりも**回答を作成する速度がかなり速く、しかもサービス混雑時にも安定した接続で利用できます。**とくにビジネスで利用したい場合は、高速かつ安定しているのは魅力でしょう。

◎ プラグインを利用できる

プラグインとは、ChatGPTの機能を拡張するためのアプリのことをいいます。ChatGPTの画面からボタンをクリックするだけでインストールできます。さまざまなものが提供されており、国内向けでは「食べログ」や「価格コム」と連携するものが有名です。なお、インストールは無料ですが、プラグインによっては連携するサービスが有料のケースもあります。

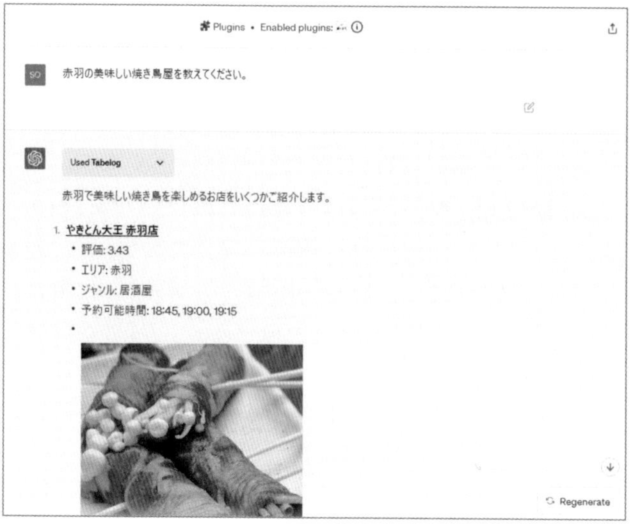
Plugins • Enabled plugins:
赤羽の美味しい焼き鳥屋を教えてください。
Used Tabelog
赤羽で美味しい焼き鳥を楽しめるお店をいくつかご紹介します。
1. やきとん大王 赤羽店
評価: 3.43
エリア: 赤羽
ジャンル: 居酒屋
予約可能時間: 18:45, 19:00, 19:15
Regenerate

「食べログ」プラグインを有効にして、場所と料理のジャンルを指定すれば、食べログからお店を選んで紹介してくれる。店名のリンクをクリックすると、食べログのそのお店のページが表示される

そのほか、利用価値の高いプラグインとしては、リンク先のWebページの内容を読み込む「WebPilot」があります。これは、URLとそのページに対する指示・質問をプロンプトに含めると、自動的にページの内容を読み込んで処理した内容を回答するものです。いくつか使い方は考えられますが、高度な使い方はP.157で解説します。

Plugins • Enabled plugins:
以下のWebページを要約して、日本語で説明してください。
https://goodereader.com/blog/e-book-news/the-future-of-reading-how-ai-is-changing-ebooks
Used WebPilot
この記事は、人工知能（AI）が電子書籍の未来にどのように影響を与えているかについて説明しています。
人工知能による読書体験の変革
AIの進化により、読書体験は新しい対話型およびパーソナライズされた要素を取り入れ、全く新しいものになりつつあります。ユーザーの挙動を予測し、個人の好みに基づいてコンテンツを調整するシステムや、リアルタイムでユーザーの入力に反応し、読者ごとにユニークなストーリーを作り出すインタラクティブな電子書籍などが開発されています。
オーディオブックの強化
AIによって、人間のナレーターが必要なくなり、リアルで自然な声、異なるキャラクターの声を容易に作成できるようになりました。さらに、リスナーの選択に基づいてプロットを調整したり、新しいエンディングを作成したりするインタラクティブなオーディオブックも可能になります。
教育の進化：教科書でのAIの使用
AIは、クリエイティブな文学だけでなく、教科書やエッセイなどの科学的なテキストにも多くの応用があります。学
Regenerate

「WebPilot」プラグインを有効にして、URLと指示をプロンプトに含めてみた。Webページを読み込んで、要約を日本語で書いてもらうことも可能

◎ Code Interpreter

Code Interpreter(コードインタープリター)は、ChatGPT Plusの最大の目玉であるといってもいい機能です。この機能が搭載されたことにより、ChatGPTの用途は一挙に数倍になったといっても過言ではありません。

Code Interpreterは、ChatGPTでプログラミング言語Python(パイソン)のコードを実行するしくみです。ファイルのアップロード機能も備えており、たとえばExcelファイルに書かれたデータを分析して、結果を別のExcelファイルに出力することも可能です。Pythonの基本的なライブラリ(追加プログラム)も利用できるので、画像ファイルや動画ファイルをアップロードして編集し、結果のファイルをダウンロードできます。ただし、ライブラリを自分で追加することはできないので、すでに用意されている機能以外は使えません。

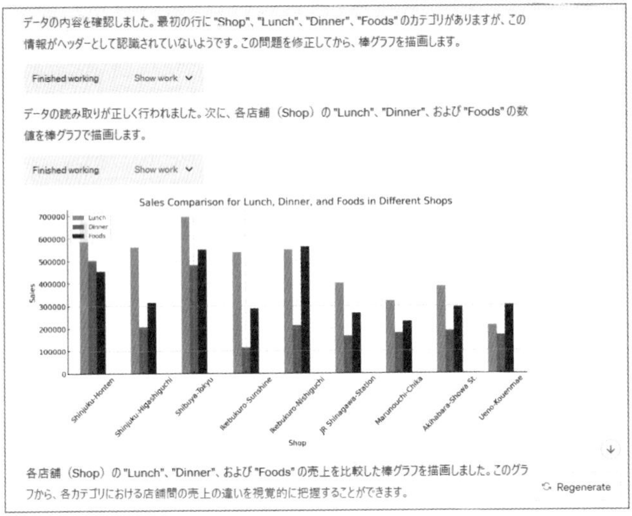

データの内容を確認しました。最初の行に "Shop"、"Lunch"、"Dinner"、"Foods" のカテゴリがありますが、この情報がヘッダーとして認識されていないようです。この問題を修正してから、棒グラフを描画します。
Finished working
Show work
データの読み取りが正しく行われました。次に、各店舗（Shop）の "Lunch"、"Dinner"、および "Foods" の数値を棒グラフで描画します。
Finished working
Show work
Sales Comparison for Lunch, Dinner, and Foods in Different Shops
Lunch
Dinner
Foods
700000
600000
500000
400000
300000
200000
100000
0
Sales
Shinjuku-Honten
Shinjuku-Higashiguchi
Shibuya-Tokyu
Ikebukuro-Sunshine
Ikebukuro-Nishiguchi
JR Shinagawa-Station
Marunouchi-Chika
Akihabara-Showa St.
Ueno-Kouenmae
Shop
各店舗（Shop）の "Lunch"、"Dinner"、および "Foods" の売上を比較した棒グラフを描画しました。このグラフから、各カテゴリにおける店舗間の売上の違いを視覚的に把握することができます。
Regenerate

Code Interpreterの機能を使って、数値が並んだExcelファイルから棒グラフを作成した。日本語の表示に対応しないので、あらかじめ英数字に変換しておいたが、それ以外に事前のデータ処理はしていない

◎ そのほかのメリット

有料プランのメリットには、ここに挙げたもの以外には、新しい機能を優先的に利用でき、サポートも優先して受けられることがあります。

CHAPTER

2

ChatGPTを使ってみよう

CHAPTER 2

01 ChatGPTのユーザー登録を行う【パソコン編】

OpenAIのアカウントを作成する

ChatGPTを利用するには、OpenAIのアカウントが必要です。このアカウントを作成するには、メールアドレス、ショートメッセージ（SMS）を受信できる電話番号が必要になりますので、あらかじめ用意しておきましょう。ここではパソコンのGoogle Chromeを使った手順を解説します。

1 サインアップを開始

ChatGPTのページ（https://chat.openai.com/）を開き、「Sign up」をクリックする。表示される画面のデザインが異なる場合、画面上の「Sign up」を探してクリックすればよい

2 メールアドレスを入力する

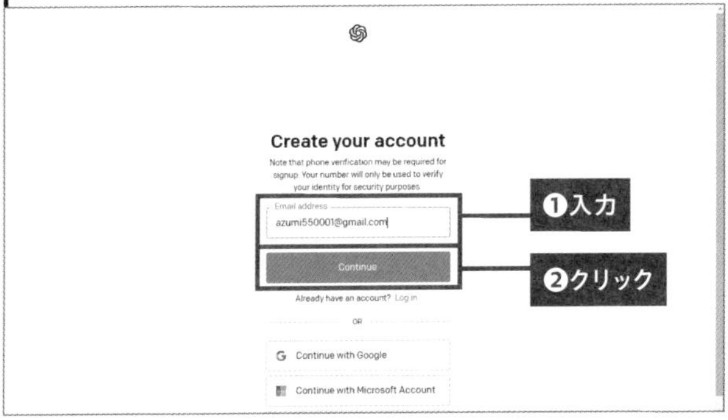

「Create your account」画面が表示されるので、「Email address」にメールアドレスを入力して「Continue」をクリックする。なお、ログインにGoogleアカウント、Microsoftアカウント、Apple IDのいずれかを使いたい場合は、下のボタンをクリックし、画面の指示にしたがって操作すればよい

3 パスワードを設定する

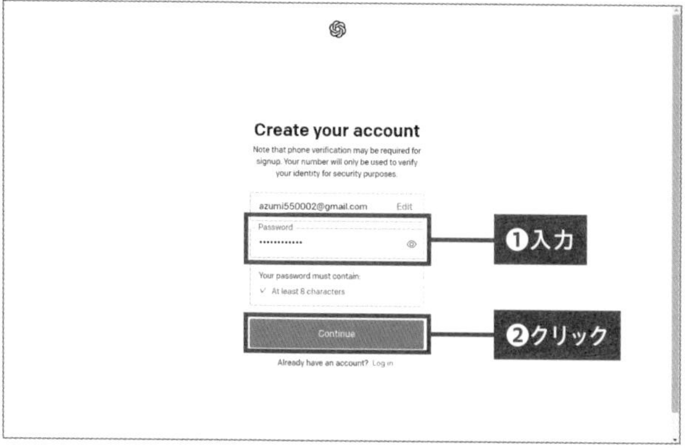

パスワードの入力欄が表示されるので、ChatGPTへログインするのに使うパスワードを決めて「Password」に入力。「Continue」をクリックする

4 メールが送信される

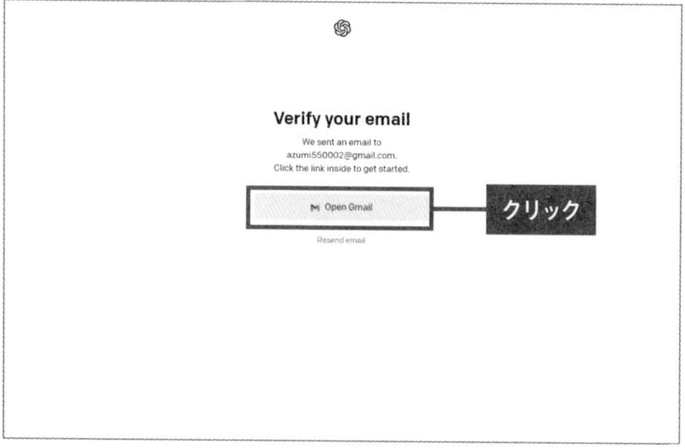

OpenAIから認証用のメールが送信されるので、普段使っているメールアプリなどでメールを確認する。メールアドレスの種類によっては、この画面からメール画面を表示できる。たとえば、Gmailの場合は「Open Gmail」をクリックすれば、Gmailを開くことができる

5 メールアドレスを認証する

OpenAIから届いたメールを開き、「Verify email address」をクリックする。もしメールが届かない場合は、前の画面の「Resend email」をクリックしてメールを再送する

6 名前と生年月日を入力する

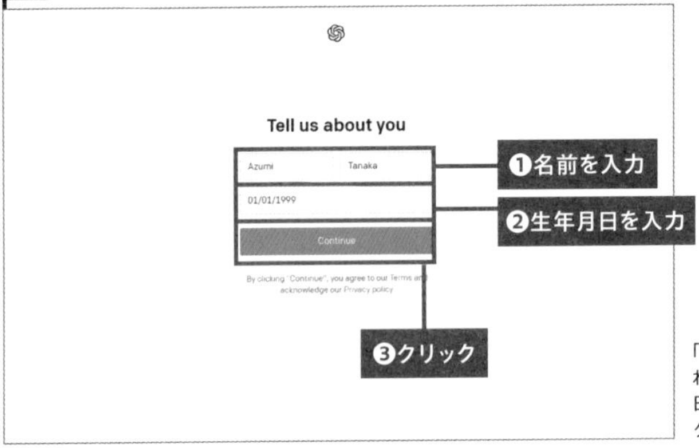

「Tell us about you」画面が表示される。名前（「名」と「姓」）と生年月日を入力し、「Continue」をクリックする

7 電話番号を入力する

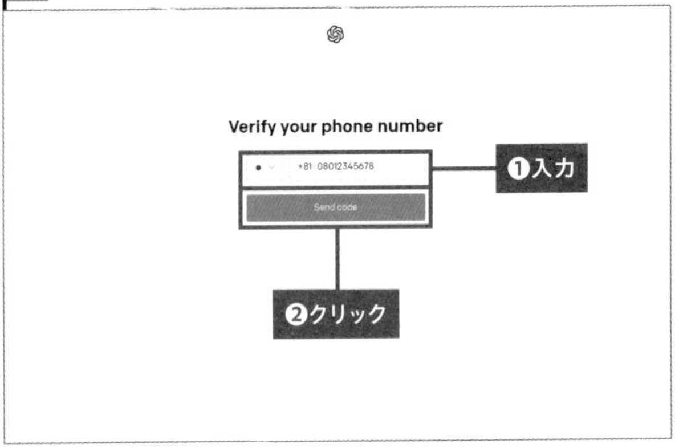

「Verify your phone number」画面が表示されるので、ショートメッセージ（SMS）を受信できるスマホなどの電話番号を入力し、「Send code」をクリックする

8 届いたコードを入力する

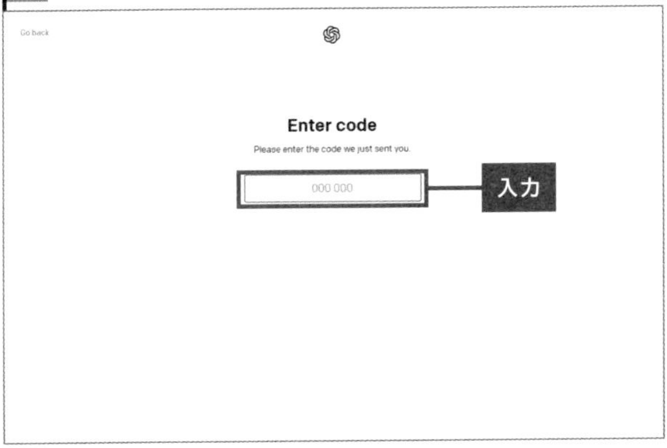

ショートメッセージに記載されている6桁のコードを「Enter code」に入力する。なお、ChatGPTの登録で過去に同じ電話番号を使っていた場合、コードの入力後に注意喚起の画面が表示されて登録できない。この場合は、前の画面に戻って別の電話番号を入力する

9 案内を確認する

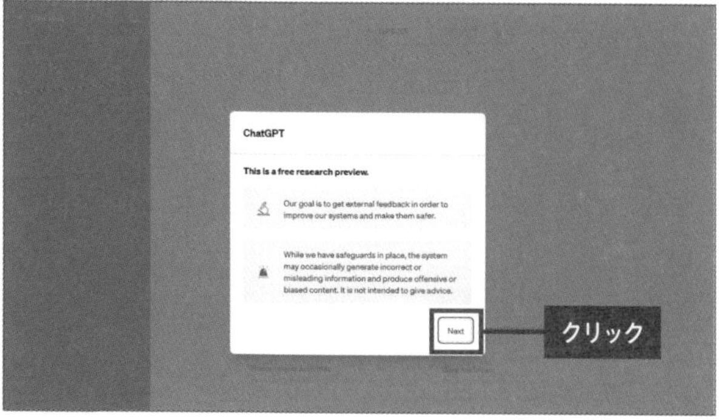

これでOpenAIのアカウントが作成された。ChatGPTの案内が表示されるので、「Next」をクリックしていき、最後に「Done」をクリックする

10 チャット画面が表示される

ChatGPTのトップ画面が表示される。これでChatGPTが利用できるようになった

COLUMN

サインアウトしてしまったときはログインする

ChatGPTは、一定時間が経過すると自動的にサインアウトしてしまうことがあります。この場合は再ログインが必要ですので、ChatGPTのトップ画面で「Log in」をクリックし、アカウント作成時に入力したメールアドレスとパスワードを入力して再ログインします。もし、パスワードを忘れてしまった場合は、この画面からパスワードの再設定を行います。

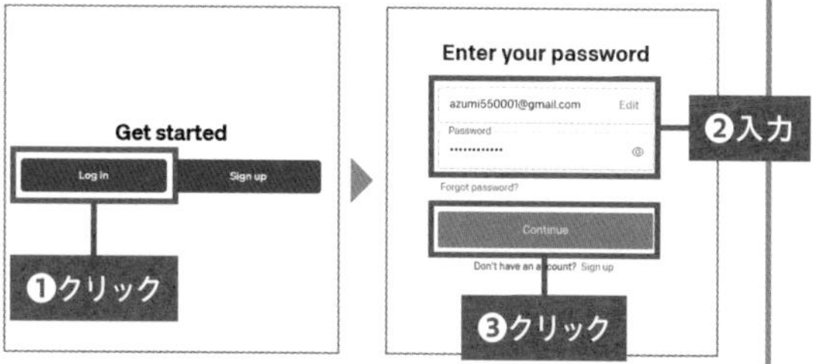

ChatGPTを開き、「Log in」をクリック。認証情報の入力画面が表示されるので、OpenAIアカウントのメールアドレスとパスワードを入力して「Continue」をクリックする。もしパスワードを忘れた場合は「Forgot password?」をクリックし、画面の指示にしたがって再発行する

CHAPTER 2

02 ChatGPTの基本的な使い方【パソコン編】

ChatGPTに質問してチャットを始める

ChatGPTの基本的な使い方は、一般的なチャットと同様です。まず、自分が質問を入力してChatGPTに送信します。すると、その質問に対してChatGPTが回答を返します。このように質問と回答を会話のように繰り返していくのが、基本的な使い方となります。

ChatGPTでは、入力される質問のことを「プロンプト」と呼びます。このプロンプトに詳細な条件を含めることで、ChatGPTは精度の高い回答をするようになります。

1 質問を入力する

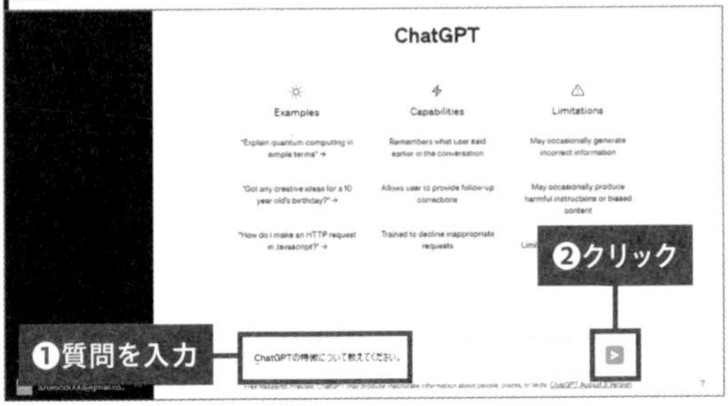

ChatGPT（https://chat.openai.com/）を開き、画面下部のボックスに質問（プロンプト）を入力し、紙飛行機アイコンをクリックする

2 回答が表示される

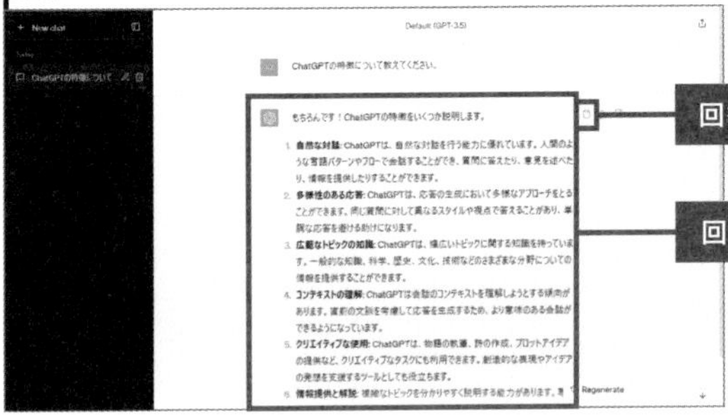

質問の下にChatGPTからの回答が表示される。回答の右側にあるコピーアイコンをクリックすると、回答内容をコピーできる

3 続けて質問を入力

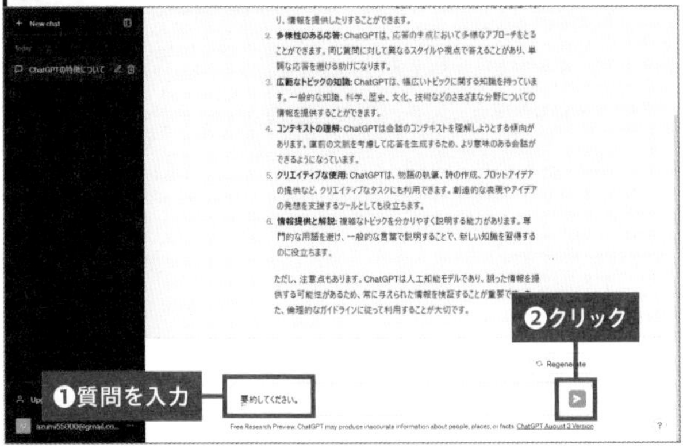
New chat
ChatGPTの特徴について
り、情報を提供したりすることができます。
2. 多様性のある応答: ChatGPTは、応答の生成において多様なアプローチをとることができます。同じ質問に対して異なるスタイルや視点で答えることがあり、単調な応答を避ける助けになります。
3. 広範なトピックの知識: ChatGPTは、幅広いトピックに関する知識を持っています。一般的な知識、科学、歴史、文化、技術などのさまざまな分野についての情報を提供することができます。
4. コンテキストの理解: ChatGPTは会話のコンテキストを理解しようとする傾向があります。直前の文脈を考慮して応答を生成するため、より意味のある会話ができるようになっています。
5. クリエイティブな使用: ChatGPTは、物語の執筆、詩の作成、プロットアイデアの提供など、クリエイティブなタスクにも利用できます。創造的な表現やアイデアの発想を支援するツールとしても役立ちます。
6. 情報提供と解説: 複雑なトピックを分かりやすく説明する能力があります。専門的な用語を避け、一般的な言葉で説明することで、新しい知識を習得するのに役立ちます。
ただし、注意点もあります。ChatGPTは人工知能モデルであり、誤った情報を提供する可能性があるため、常に与えられた情報を検証することが重要で
た、倫理的なガイドラインに従って利用することが大切です。
❷クリック
❶質問を入力
要約してください。

質問を続ける場合は、同様に画面下部のボックスへプロンプトを入力して紙飛行機アイコンをクリックする

4 続きの回答が表示される

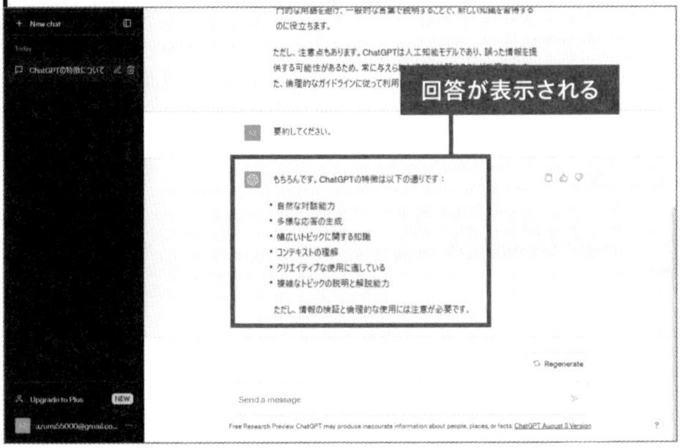
New chat
ChatGPTの特徴について
のに役立ちます。
ただし、注意点もあります。ChatGPTは人工知能モデルであり、誤った情報を提供する可能性があるため、常に与えら
た、倫理的なガイドラインに従って利用
回答が表示される
要約してください。
もちろんです。ChatGPTの特徴は以下の通りです：
・自然な対話能力
・多様な応答の生成
・幅広いトピックに関する知識
・コンテキストの理解
・クリエイティブな使用に適している
・複雑なトピックの説明と解説能力
ただし、情報の検証と倫理的な使用には注意が必要です。
Regenerate
Upgrade to Plus NEW
Send a message

続きの質問に対する回答が表示される。このように質問を続けていくと、内容が深化し、より詳しい回答が得られるようになる

5 回答を途中で止める

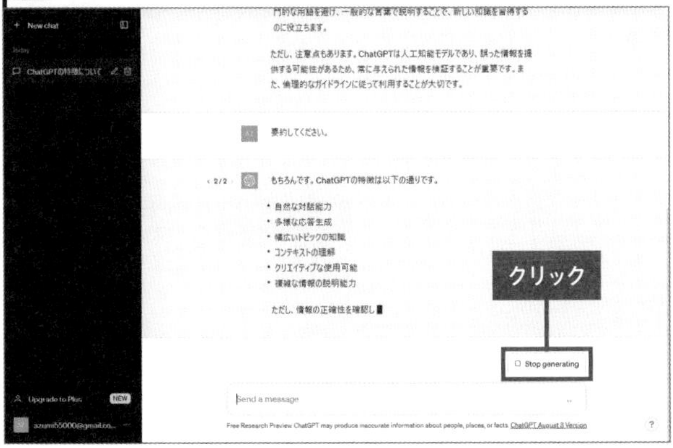
New chat
ChatGPTの特徴について
のに役立ちます。
ただし、注意点もあります。ChatGPTは人工知能モデルであり、誤った情報を提供する可能性があるため、常に与えられた情報を検証することが重要です。また、倫理的なガイドラインに従って利用することが大切です。
要約してください。
2/2
もちろんです。ChatGPTの特徴は以下の通りです。
・自然な対話能力
・多様な応答生成
・幅広いトピックの知識
・コンテキストの理解
・クリエイティブな使用可能
・複雑な情報の説明能力
ただし、情報の正確性を確認し
クリック
Stop generating
Upgrade to Plus NEW
Send a message

「Stop generating」をクリックすると、回答を途中で停止できる。的外れな回答をしている場合や、プロンプトを間違えてしまった場合などの場面で利用するとよい

入力済みの質問を編集する

入力したプロンプトを修正して再質問し、新しい回答を得ることができます。誤情報の訂正、不明確なプロンプトの修正といった場面で使うといいでしょう。なお、修正前のプロンプトと回答は上書きされずに別のバージョンとして保存されるので、いつでも参照できます。

1 プロンプトの編集を始める

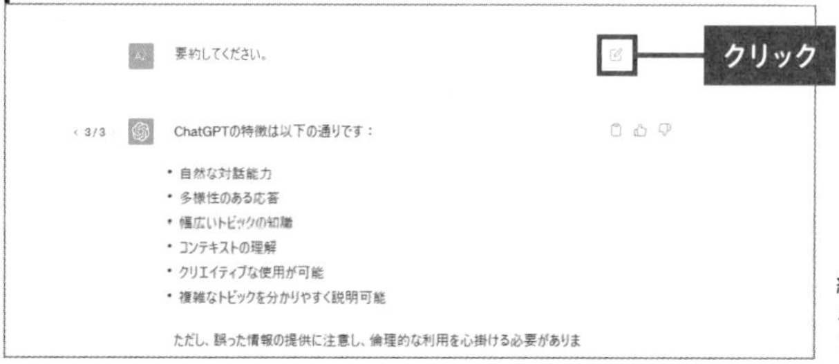

要約してください。
クリック
3/3
ChatGPTの特徴は以下の通りです：
・自然な対話能力
・多様性のある応答
・幅広いトピックの知識
・コンテキストの理解
・クリエイティブな使用が可能
・複雑なトピックを分かりやすく説明可能
ただし、誤った情報の提供に注意し、倫理的な利用を心掛ける必要がありま

編集したい質問にマウスを合わせると表示される編集アイコンをクリックする

2 新しいプロンプトを送信する

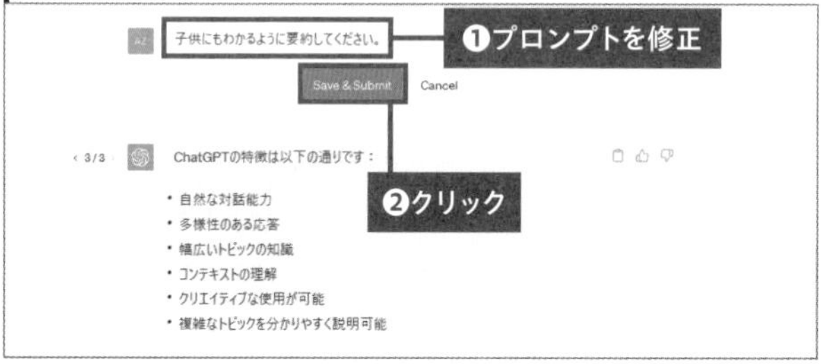

子供にもわかるように要約してください。
❶プロンプトを修正
Save & Submit
Cancel
3/3
ChatGPTの特徴は以下の通りです：
❷クリック
・自然な対話能力
・多様性のある応答
・幅広いトピックの知識
・コンテキストの理解
・クリエイティブな使用が可能
・複雑なトピックを分かりやすく説明可能

プロンプトが編集できるようになるので、プロンプトを修正して「Save&Submit」をクリックする

3 新しい回答が表示される

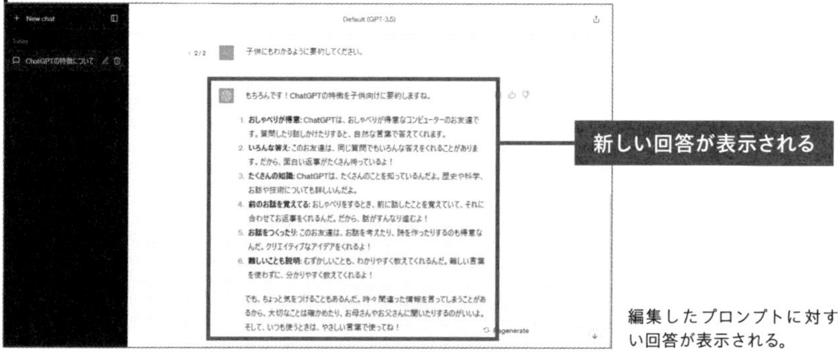

New chat
ChatGPTの特徴について
Default (GPT-3.5)
2/2
子供にもわかるように要約してください。
もちろんです！ChatGPTの特徴を子供向けに要約しますね。
1. おしゃべりが得意: ChatGPTは、おしゃべりが得意なコンピューターのお友達です。質問したり話しかけたりすると、自然な言葉で答えてくれます。
2. いろんな答え: このお友達は、同じ質問でもいろんな答えをくれることがあります。だから、面白い返事がたくさん待っているよ！
3. たくさんの知識: ChatGPTは、たくさんのことを知っているんだよ。歴史や科学、お話や技術についても詳しいんだよ。
4. 前のお話を覚えてる: おしゃべりをするとき、前に話したことを覚えていて、それに合わせてお返事をくれるんだ。だから、話がすんなり進むよ！
5. お話をつくったり: このお友達は、お話を考えたり、詩を作ったりするのも得意なんだ。クリエイティブなアイデアをくれるよ！
6. 難しいことも説明: むずかしいことも、わかりやすく教えてくれるんだ。難しい言葉を使わずに、分かりやすく教えてくれるよ！
でも、ちょっと気をつけることもあるんだ。時々間違った情報を言ってしまうことがあるから、大切なことは確かめたり、お母さんやお父さんに聞いたりするのがいいよ。そして、いつも使うときは、やさしい言葉で使ってね！
新しい回答が表示される

編集したプロンプトに対する新しい回答が表示される。

4 修正前後の質問と回答を表示

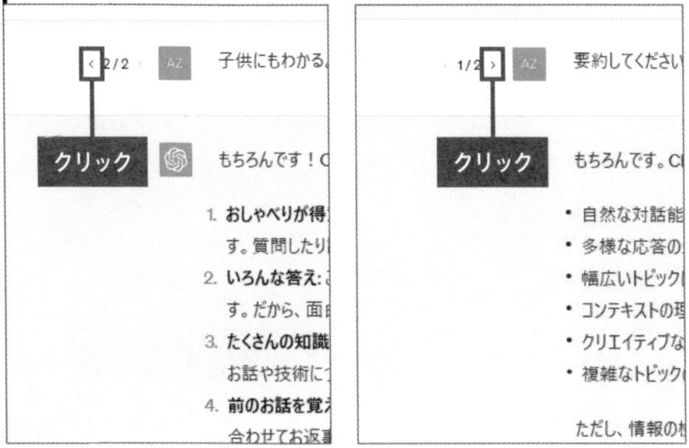

修正前のプロンプトとその回答は、すべて履歴として保存される。修正したプロンプトの左側に表示されている「<」「>」をクリックすると、プロンプトと回答の履歴を切り替えて表示できる

5 質問を変えずに回答を再生成する

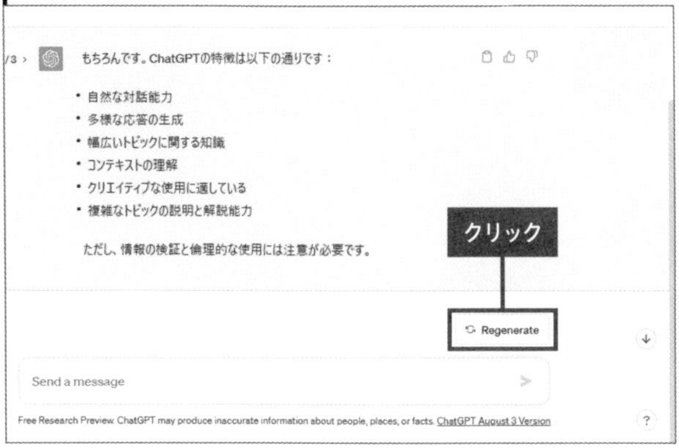

ChatGPTから期待どおりの回答が返ってこなかった場合は、「Regenerate」をクリックする。同じプロンプトで回答が再生成されて表示される

6 再生成した回答を切り替える

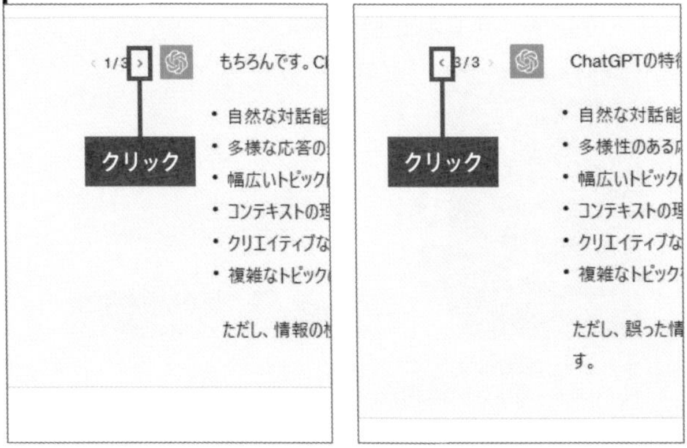

回答を再生成した場合も、古い回答は履歴として保存されている。回答の左側に表示されている「<」「>」をクリックすると、回答の履歴を切り替えて表示できる

別の話題でチャットを始める

ChatGPTは、同じチャットでの質問と回答を記憶していくので、会話を続けることによってより深化した回答が返ってきます。そのため、突然別のテーマで質問すると、期待した回答が得られない可能性があります。もし別の話題で会話をしたいときは、新しいチャットを作成します。

1 新しいチャットを作成

新しいチャットを始めるには、画面左側のサイドバー上部にある「New chat」をクリックする。新しいチャット画面が表示されるので、あとは同じようにプロンプトを入力してチャットを始めればよい

2 以前のチャットを開く

サイドバーには過去のチャット履歴が表示されている。過去のチャットを再開したい場合は、開きたいチャット名をクリックすればよい

COLUMN

サイドバーの表示／非表示を切り替える

パソコンの画面があまり広くない場合、サイドバーが表示されていると邪魔に感じることがあります。この場合は、サイドバーを非表示にするのがおすすめです。サイドバーの表示と非表示を切り替えるには、サイドバーの右上にあるアイコンをクリックします。

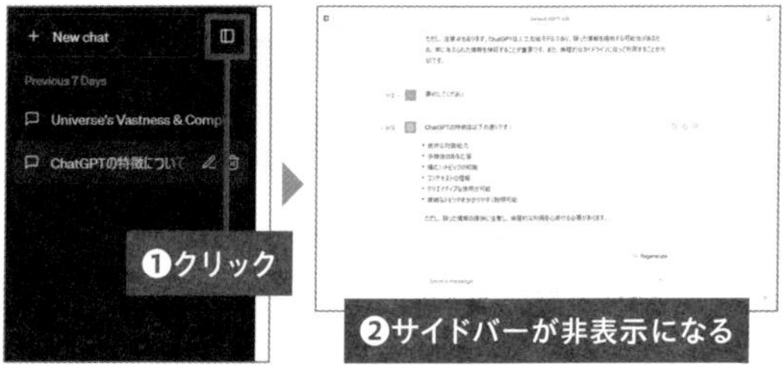

サイドバーの右上にあるアイコンをクリックすると、サイドバーが非表示になる。再表示したい場合は、同じアイコンを再度クリックする

チャット履歴の管理

チャット履歴の名前は自動で付けられるため、場合によっては名前がわかりづらいことがあります。あとから探しやすくするためにも、重要なチャット履歴はわかりやすい名前に変更しておくのがお勧めです。また、チャット履歴は放っておくとドンドン増えていくので、不要な履歴は適宜削除しておいたほうがいいでしょう。

1 チャットの名前を変更する

名前を変更するチャット履歴をクリックする。右側に表示された鉛筆アイコンをクリックして名前を変更し、チェックマークをクリックする

2 チャット履歴を削除する

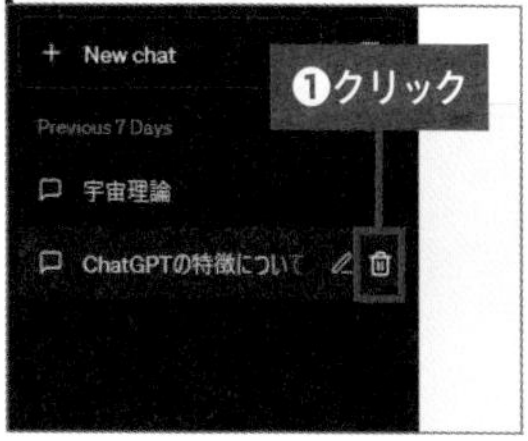

削除するチャット履歴をクリックする。削除を確認するメッセージが表示されるので、「Delete」をクリックする

COLUMN

チャット履歴を共有する

ChatGPTには、一連のチャット履歴を閲覧できるURLを生成する共有機能があります。チャットの情報をほかの人と共有したいときに使うと非常に便利です。ただし、そのチャットの会話履歴がすべて共有されるため、見られたくない内容が含まれている場合は共有しないようにしましょう。

共有するチャット履歴を開き、画面右上の共有アイコンをクリックする。「Share Link to Chat」画面が表示されるので、「Copy Link」をクリックする。共有リンクがコピーされたので、このリンクをメールやメッセージなどで知らせれば共有できる

CHAPTER 2

03 ChatGPTのユーザー登録を行う【スマホ編】

アプリを使ってアカウントを作成する

スマホからOpenAIのアカウントを作成する場合は、ChatGPTの公式アプリを使うのが簡単な方法です(注)。アプリを使う場合でも、メールアドレス、ショートメッセージ(SMS)を受信できる電話番号が必要ですので、あらかじめ用意しておきましょう。なお、有料の非公式アプリに注意しましょう。

1 サインアップを始める

ChatGPTアプリを開き、「Sign up with email」をタップする

COLUMN

既存アカウントを使う場合は

OpenAIのアカウント作成は、Apple IDやGoogleアカウントと連携させることができます。連携させると、そのアカウントの情報でログインできるようになるので非常に便利です。なお、連携させた場合でも手順7以降の操作が必要になります。

2 メールアドレスを入力する

「Create your account」画面が表示されるので、「Email address」にメールアドレスを入力して「Continue」をタップする

3 パスワードを設定する

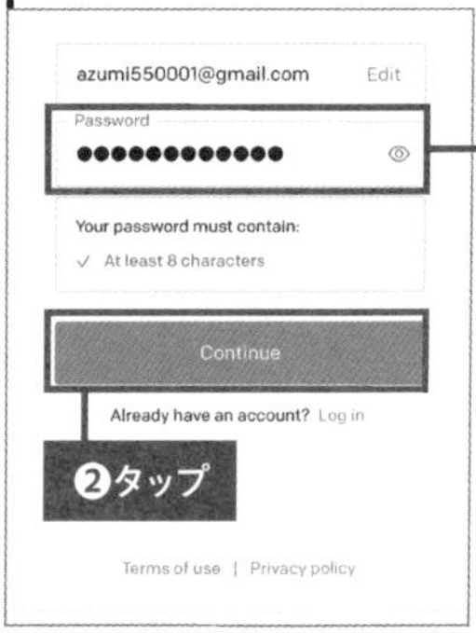

パスワードの入力画面が表示される。ログインするときに使うパスワードを決めて「Password」に入力し、「Continue」をタップする

(注)QRコードをP.8に掲載した

4 メールが送信されたことを確認

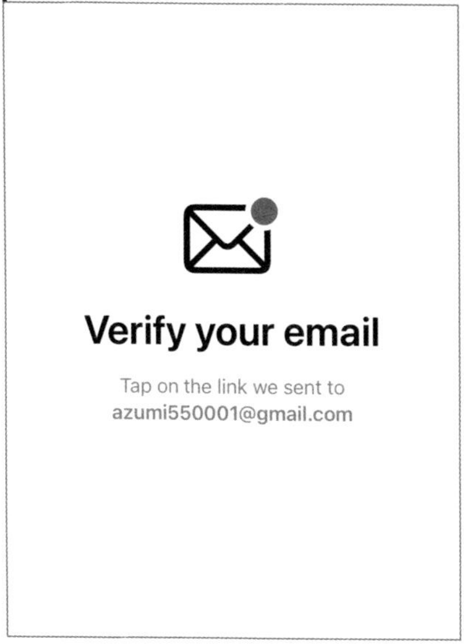

OpenAIから認証用のメールが送信されると「Verify your email」と表示される

5 受信したメールで認証する

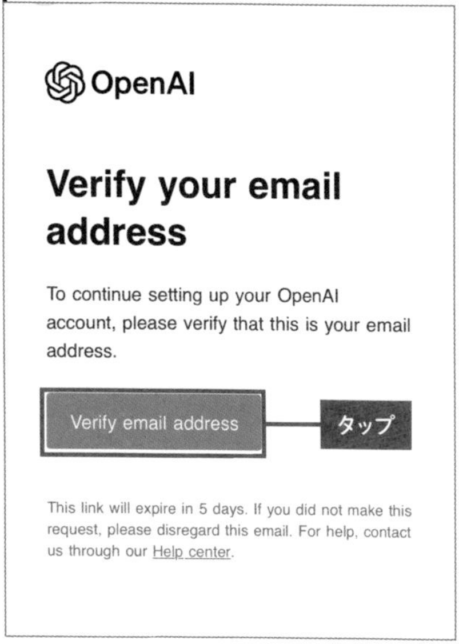

お使いのメールアプリを開き、OpenAIから届いたメールにある「Verify email address」をタップする

6 メールの認証が終わったことを確認

認証が終わったらChatGPTアプリに戻り、「I've verified my email」をタップする

7 名前と生年月日を入力する

「Tell us about you」画面が表示される。名前（「名」と「姓」）と生年月日を入力し、「Continue」をタップする

8 電話番号を入力する

「Verify your phone number」画面が表示されるので、ショートメッセージ（SMS）が受信できる電話番号を入力し、「Send code」をタップする

9 届いたコードを入力する

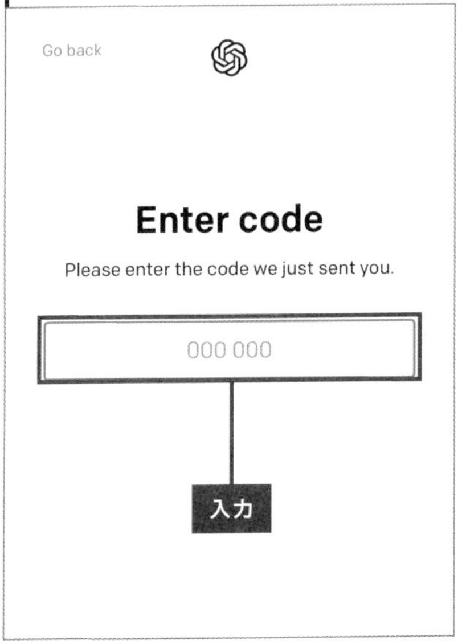

ショートメッセージに届いた6桁のコードを「Enter code」に入力する

10 案内を確認する

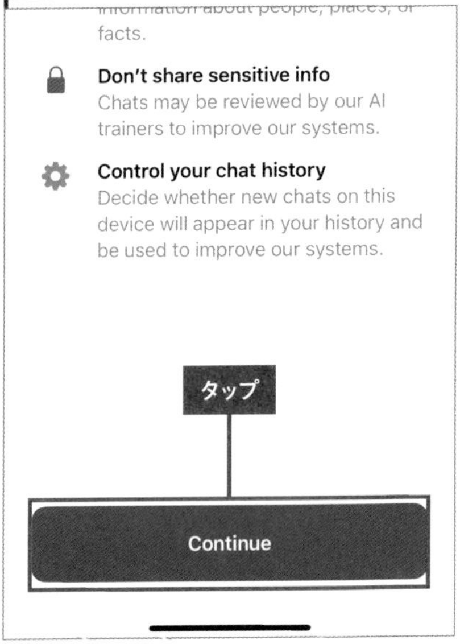

これでOpenAIのアカウント作成が完了した。ChatGPTの案内が表示されるので「Continue」をタップする

11 チャット画面が表示される

ChatGPTのチャット画面が表示される。これでChatGPTが利用できるようになった

ログインやサインアウトの方法

別のスマホに機種変更した場合、新しいスマホでアプリをダウンロードしてログインすれば継続してChatGPTを利用できます。そのため、アプリでのログイン方法とサインアウト方法は覚えておくようにしましょう。

ログインする

1 「Log in」をタップする

アプリを開いたら、「Log in」をタップする。アカウント連携で登録した人は、そのアカウントのボタンをタップする

2 メールアドレスとパスワードを入力

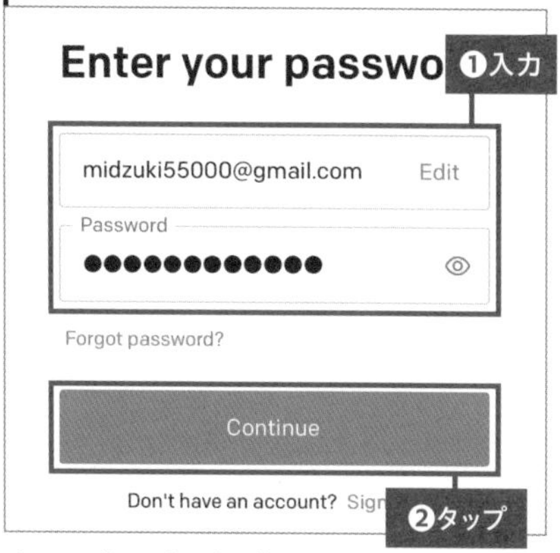

メールアドレスを入力し「Continue」をタップ。次にパスワードを入力して「Continue」をタップすればログインが完了する

サインアウトする

1 設定画面を表示する

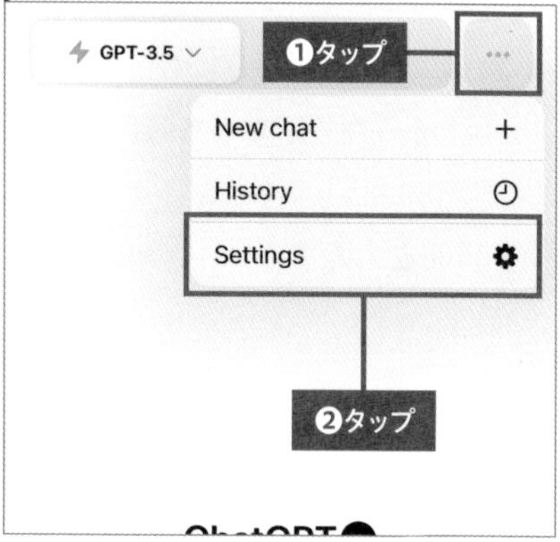

画面右上の「…」→「Settings」をタップする。なお、Android版は、画面左上の「≡」→「Settings」をタップする

2 設定画面を表示する

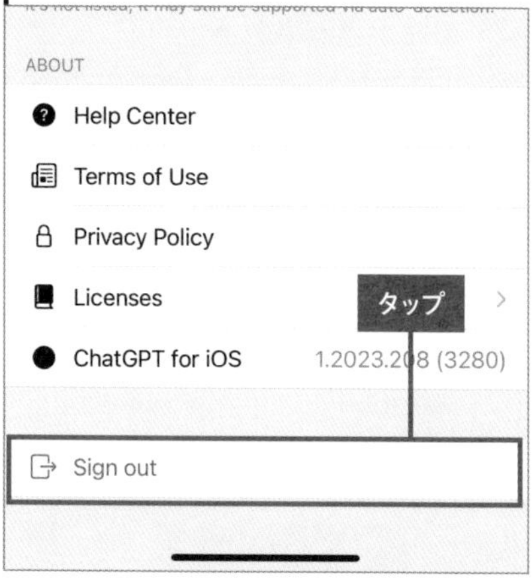

設定画面が表示されるので「Sign out」をタップする

CHAPTER 2

04 ChatGPTの基本的な使い方【スマホ編】

アプリでチャットを開始する

ChatGPTアプリを使う場合も、基本的にパソコンでのやり方と変わりません。質問（プロンプト）を入力して送信すれば、それに対してChatGPTが回答を返します。あとは、その回答に対して質問して会話を続けていきます。

1 質問を入力する

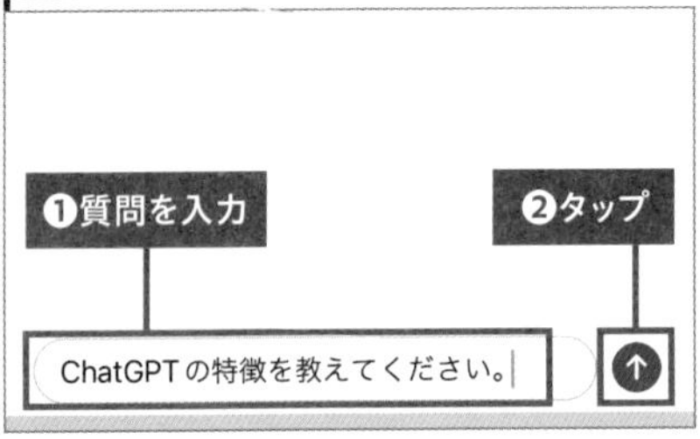

❶質問を入力
❷タップ
ChatGPTの特徴を教えてください。

ChatGPTアプリを開き、画面下部にある入力欄に質問（プロンプト）を入力し、「↑」をタップする

2 回答が表示される

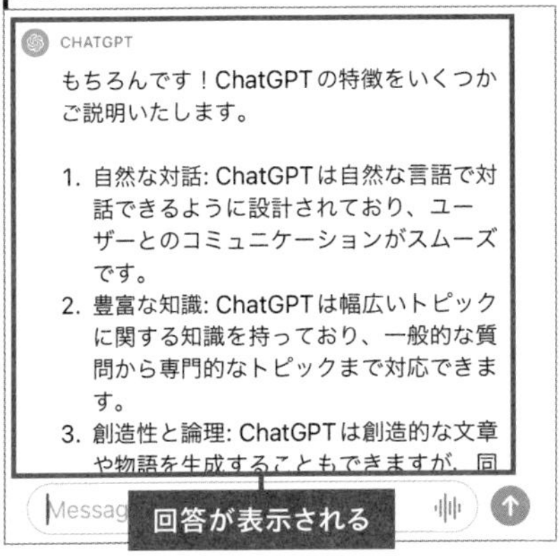

CHATGPT
もちろんです！ChatGPTの特徴をいくつかご説明いたします。
1. 自然な対話: ChatGPTは自然な言語で対話できるように設計されており、ユーザーとのコミュニケーションがスムーズです。
2. 豊富な知識: ChatGPTは幅広いトピックに関する知識を持っており、一般的な質問から専門的なトピックまで対応できます。
3. 創造性と論理: ChatGPTは創造的な文章
Messag
回答が表示される

質問の下にChatGPTからの回答が表示される

3 次の質問を入力する

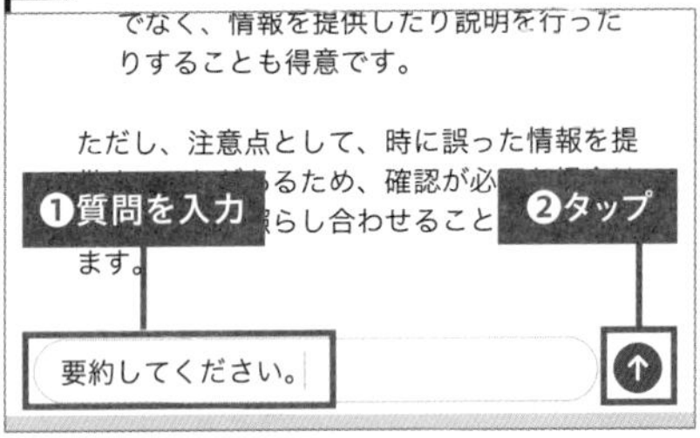

でなく、情報を提供したり説明を行ったりすることも得意です。
ただし、注意点として、時に誤った情報を提
るため、確認が必
らし合わせること
ます。
❶質問を入力
❷タップ
要約してください。

さらに質問をする場合は、同様に画面下部の入力欄にプロンプトを入力して「↑」をタップする

4 続きの回答が表示される

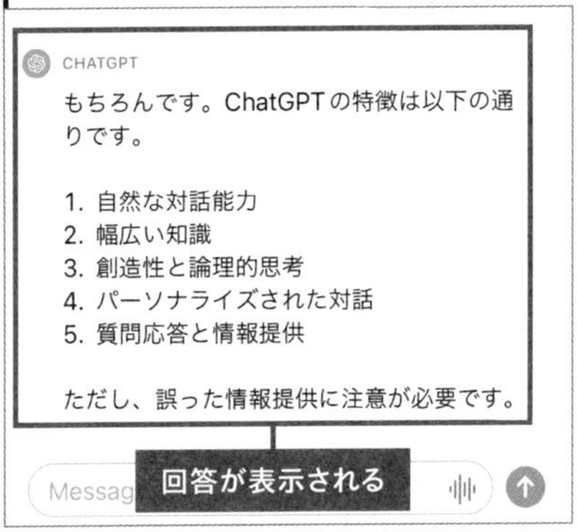

CHATGPT
もちろんです。ChatGPTの特徴は以下の通りです。
1. 自然な対話能力
2. 幅広い知識
3. 創造性と論理的思考
4. パーソナライズされた対話
5. 質問応答と情報提供
ただし、誤った情報提供に注意が必要です。
Messag
回答が表示される

続きの質問に対する回答が表示される。このように会話を続けていき、より詳しい回答を求めていく

回答を再生成する

ChatGPTは同じプロンプトでも同じ答えが返ってくるとは限りません。そのため、同じプロンプトで別の回答が欲しい場合は、回答を再生成します。なお、パソコンの場合は最新の回答しか再生成できませんでしたが、アプリ版の場合は過去の回答も再生成が可能です。

1 回答をロングタッチする

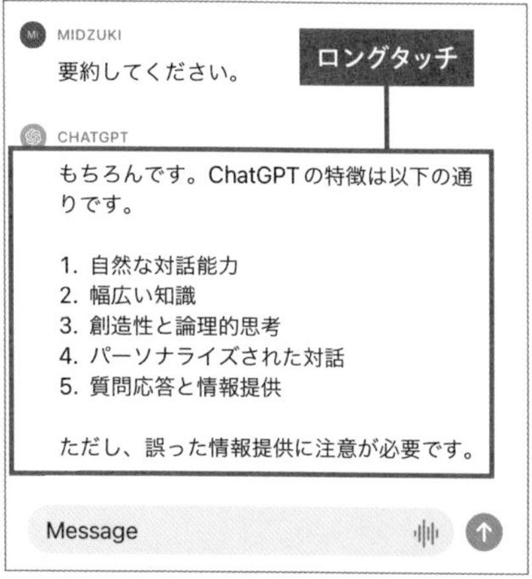
MIDZUKI
要約してください。
ロングタッチ
CHATGPT
もちろんです。ChatGPTの特徴は以下の通りです。
1. 自然な対話能力
2. 幅広い知識
3. 創造性と論理的思考
4. パーソナライズされた対話
5. 質問応答と情報提供
ただし、誤った情報提供に注意が必要です。
Message

再生成したい回答をロングタッチする

2 回答を再生成する

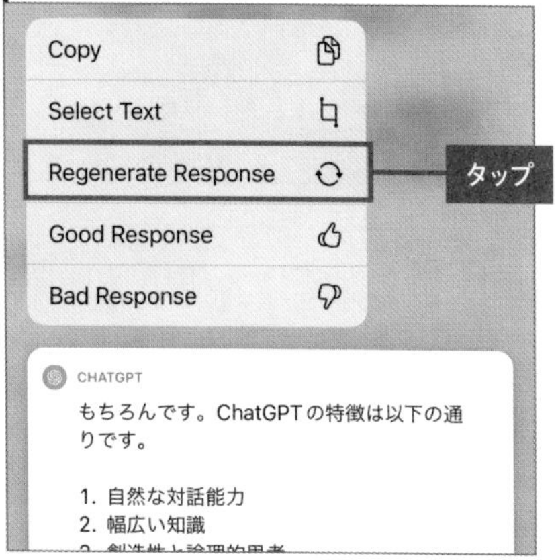
Copy
Select Text
Regenerate Response
タップ
Good Response
Bad Response
CHATGPT
もちろんです。ChatGPTの特徴は以下の通りです。
1. 自然な対話能力
2. 幅広い知識

メニューが表示されるので、「Regenerate Response」をタップする

3 新しい回答が表示される

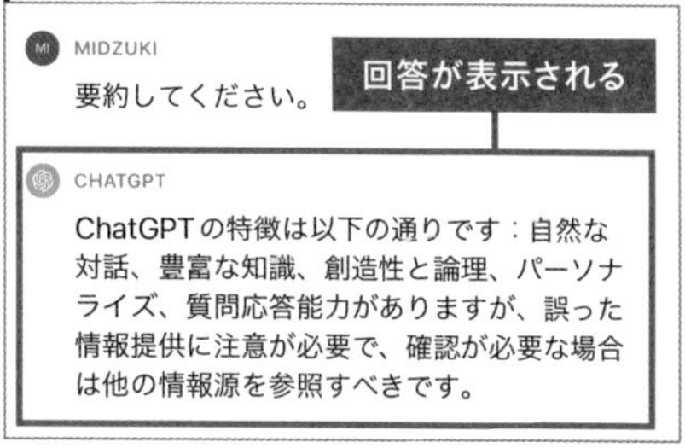
MIDZUKI
要約してください。
回答が表示される
CHATGPT
ChatGPTの特徴は以下の通りです：自然な対話、豊富な知識、創造性と論理、パーソナライズ、質問応答能力がありますが、誤った情報提供に注意が必要で、確認が必要な場合は他の情報源を参照すべきです。

回答が再生成され、新しい回答が表示される

COLUMN

話しかけて入力もできる

スマホ用のChatGPTアプリでは、話しかけて質問を入力することも可能です。スマホならではの機能なので、ぜひ活用してみましょう。詳しい操作方法については、P.143を参照してください。

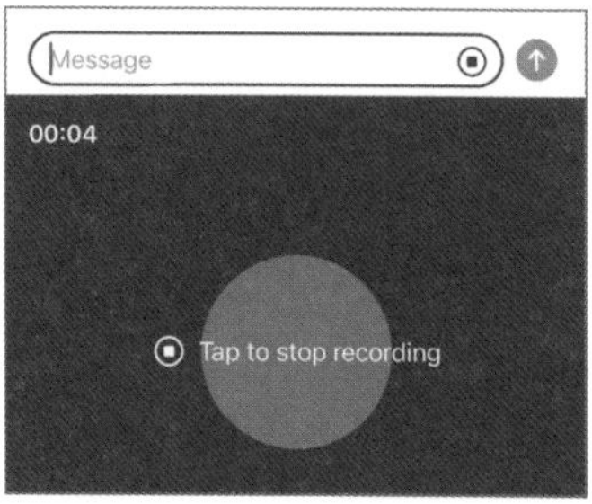
Message
00:04
Tap to stop recording

音声入力を使うと、話しかけて質問を入力できる

カメラでテキストを読み取る

ChatGPTアプリでは、カメラを使ってテキストを読み取ることができます。この機能を使えば、紙で配られた資料やレポートなどの文章を読み取って要約させるなど、さまざまなことに活用できるでしょう。非常に便利な機能ですが、カメラの操作に若干の癖があるので、実際に操作して癖をつかんでおくのがおすすめです。

1 カメラを起動する

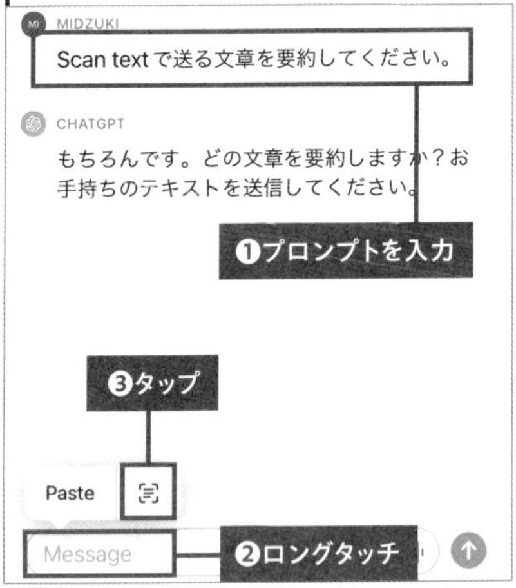

プロンプトに「Scan textで送る文章を要約してください」と入力。ChatGPTの回答が表示されたら、プロンプト入力欄をロングタッチし、Scan textアイコンをタップ

2 スキャンする範囲を指定する

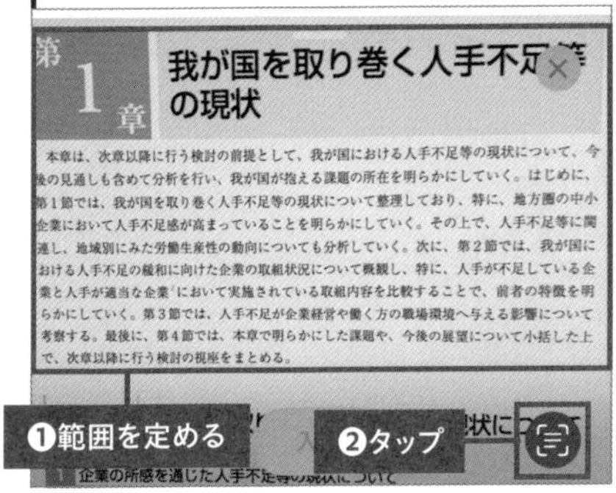

カメラが起動するので、スキャンするテキストにカメラを向ける。スキャンする範囲が明るく表示されるので、目的の場所が明るくなったら右下のアイコンをタップ

3 テキストをスキャンする

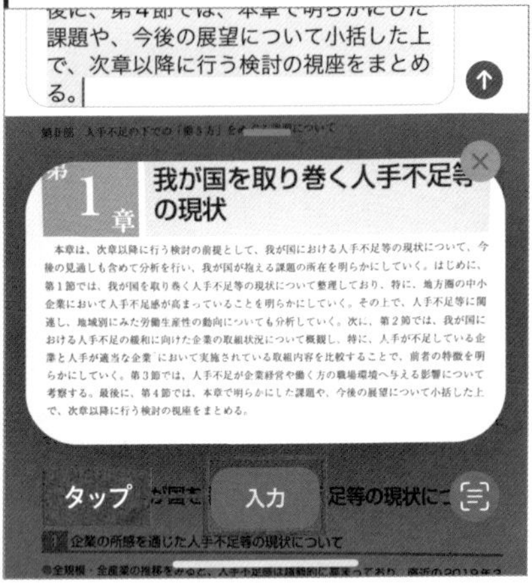

読み取る範囲が指定されるので、「入力」をタップする

4 テキストが入力される

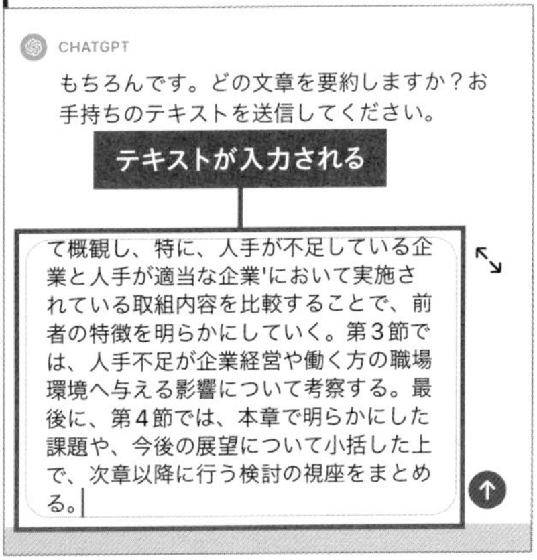

テキストがスキャンされて入力される。あとは必要に応じて修正し、送信すればよい

チャットを共有する

ChatGPTアプリからもチャット履歴を共有できます。アプリからの場合、共有するアプリをすぐに起動できるので、パソコンよりも素早い共有が可能です。なお、パソコンの場合と同様に、履歴の一部だけを共有することはできませんので、見られたくないものがある場合は共有しないようにしましょう。なお、2023年8月時点ではiOS版のみ共有機能を利用できます。

1 共有画面を表示する

共有したいチャットを開いている状態で、画面右上の「…」→「Share chat」をタップする

2 共有を開始する

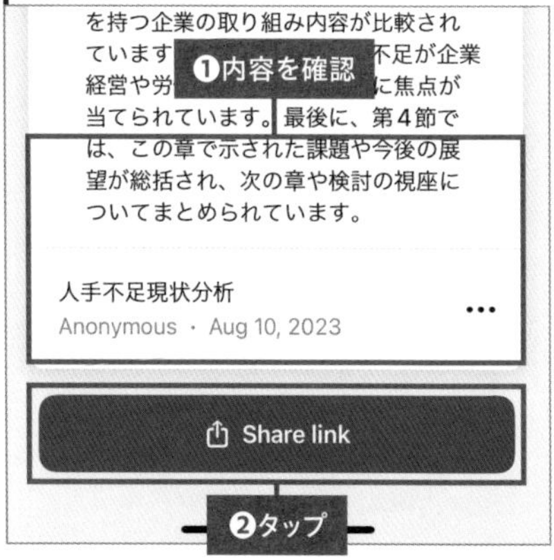

「Share link to chat」画面が表示される。共有されるチャットの内容を確認し、「Share link」をタップする

3 アプリを選択する

共有画面が表示されるので、共有に使うアプリをタップする

4 リンクを送信する

アプリが起動し、共有リンクが貼り付けられる。あとはリンクを相手に送信すればよい

新しいチャットの作成／チャット履歴の閲覧

ChatGPTアプリでは、新しいチャットの作成や過去のチャット履歴の閲覧がメニューから簡単に操作できます。これらの操作は頻繁に使うため、ぜひマスターしておきましょう。

新しいチャットの作成

1 新しいチャットを作成する

新しいチャットを作成するには、画面右上の「…」→「New chat」（Android版は、画面右上の「＋」）をタップする

2 新しいチャットが始まる

新しいチャット画面が表示される。あとは質問を入力してチャットを開始すればよい

チャット履歴の閲覧

1 チャット履歴を表示する

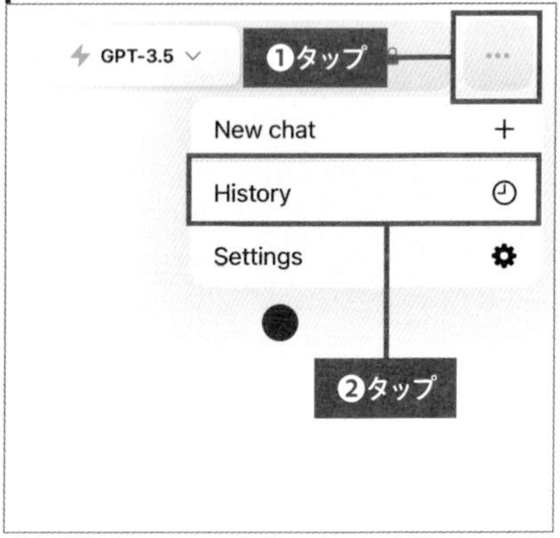

チャット履歴を開くには、画面右上の「…」→「History」（Android版は、画面左上の「≡」→「History」）をタップする

2 チャット履歴を選択する

チャット履歴が表示されるので、開きたいチャット名をタップする

履歴を管理する

ChatGPTアプリでもチャット履歴の名前の変更、不要な履歴の削除といった操作が可能です。いずれも履歴を整理するうえで不可欠な操作なので、必要に応じて積極的に活用するのがおすすめです。

履歴の名前を変更

1 履歴の名前を変える

名前を変更するチャットを開き、画面右上の「…」→「Rename」（Android版は、画面右上の「⋮」→「Rename」）をタップする

2 新しい名前を入力する

新しい名前を入力し、「OK」をタップする

履歴の削除

1 履歴を削除する

削除するチャットを開き、画面右上の「…」→「Delete」（Android版は、画面右上の「⋮」→「Delete」）をタップする

2 削除を実行する

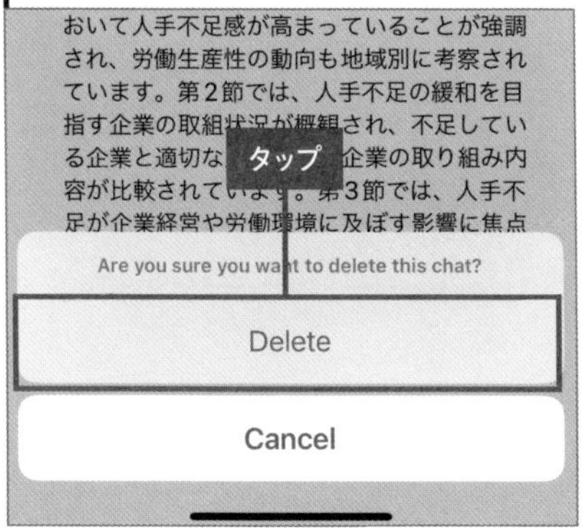

削除を確認するメッセージが表示されるので、「Delete」をタップする

COLUMN

ダークモードに切り替える

パソコンやスマートフォンでおなじみのダークモードですが、ChatGPTの画面も同じように切り替えることが可能です。長時間使う場合、目への負担を考えてダークモードに切り替えておくのがおすすめです。また、有機ELディスプレイを搭載した端末でダークモードを有効にすると、バッテリーの節約にもなります。なお、設定画面で「System」を選択すると、OSで設定されているテーマのカラーモードが反映されます。

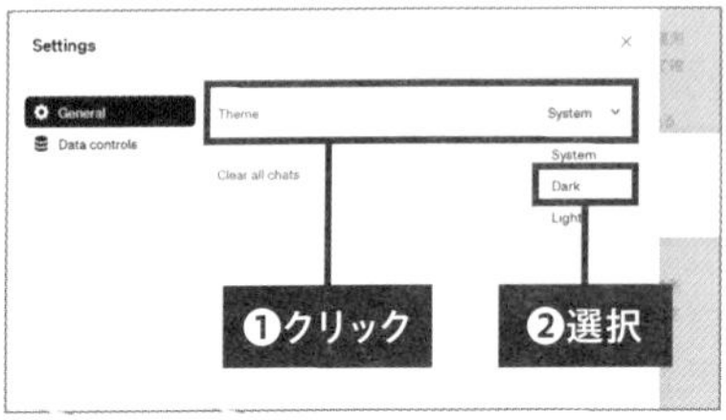

パソコンのブラウザーでダークモードに切り替える場合は、画面左下のアカウント（メールアドレス）→「Settings」をクリックして設定画面を開く。「Theme」をクリックし、「Dark」を選択するとダークモードに切り替わる

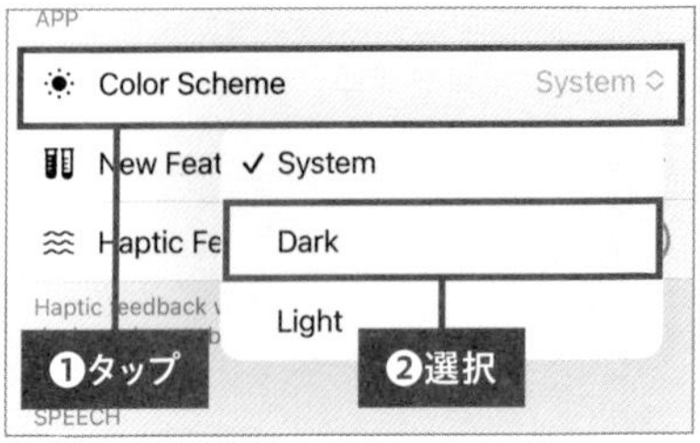

スマホアプリでは、画面右上の「…」→「Settings」をタップして設定画面を開く。「Color Scheme」をタップし、「Dark」を選択するとダークモードに切り替わる

COLUMN

利用できるショートカットキー

パソコンでChatGPTを使う場合、ショートカットキーを使うと便利です。マウスを使わなくても、ある程度の操作が可能になります。

内容	キー操作
新しいチャットを開始する	Ctrl + Shift + O
チャットを削除する	Ctrl + Shift + Del
入力欄へ移動する	Shift + Esc
最新の返答をコピーする	Ctrl + Shift + C
最後に表示されたコードをコピーする	Ctrl + Shift + ;
Custom Instructionsを設定する	Ctrl + Shift + I
サイドのメニューを表示/非表示する	Ctrl + Shift + S
ショートカットキーを確認する	Ctrl + /

CHAPTER

3

効果的な
プロンプトの書き方

01 プロンプトを書く前の心構え

ChatGPTの利用ではプロンプトが最重要

ChatGPTへの指示や質問のことを「プロンプト」といいます。ChatGPTはプロンプトによって回答内容を変更するため、高いレベルのプロンプトを与えれば高品質な回答を得られますが、レベルの低いプロンプトを与えると、焦点の定まらない低品質な回答になってしまいます。

では、プロンプトを作成する際、どういう点に注意すればいいのでしょうか。ここでは、基本的な方針について解説します。

◎ なるべく具体的に、完全な文で書く

プロンプトの作成において最も重要な点は、その**指示が明確かつ具体的であることです。**曖昧さや不明瞭な部分を取り除き、目的に合致した結果を導き出すのに重要です。たとえば、「ドイツ文学（について教えて）」より「18世紀のドイツ文学について概要を書いてください」のほうが具体的です。

◎ 出力形式を指定する

プロンプトの作成において、**回答の形式を指定することも重要です。**出力形式を指定することで、得られる情報が整理されて可読性が向上します。

たとえば、以下のような5つのプロンプトを考えてみましょう。

①18世紀のドイツ文学について概要を書いてください。
②18世紀のドイツ文学について5文で概要を書いてください。
③18世紀のドイツ文学についてリスト形式で概要を書いてください。
④18世紀のドイツ文学について作家の名前とその特徴を挙げながら、概要を書いてください。
⑤18世紀のドイツ文学についてドラえもんとのび太の会話調で概要を書いてください。

回答は省略しますが、それぞれまったく異なる結果になります。

◎例を与える

ChatGPTにプロンプトを理解させるのに、**例を与えるのは非常に効果的です**。とくに複雑なテーマや抽象的な概念に対しては、例を用いることで具体的な回答を得やすくなります。

たとえば、「ロマン主義とリアリズムの違いを説明してください」よりも「ロマン主義とリアリズムの違いを説明してください。ロマン主義の例としてシェリー、リアリズムの例としてフローベールを用いてください」としたほうが高品質な回答を得られます。

なお、例として無関係なものを挙げても、ChatGPTはそれなりの回答を返しますが、内容は完全に無意味になり、ハルシネーションを起こしてしまいがちです。妥当な例を与えるように注意しましょう。

◎一発で完璧な回答を求めない

ChatGPTの長所の1つが、得られた回答を何度でも修正できることです。最初のプロンプトでベストの回答を得る必要は、通常ありません。何度も微調整を行うことで精度を高めていくことが可能です。

順序としては、①ごく簡単なプロンプトを与える、②条件を追加する、③条件を整理してプロンプトのパターンに当てはめる、④さらに条件を追加する、といったものが考えられます。なお、プロンプトのパターンについては、次節を参照してください。

たとえば、新製品の企画書を作りたいときは、まずは製品ジャンルを指定し、次に想定する購買者層や販売ルートを追加してから、内容を整理します。そして、さらに詳しい条件を追加していくといった手順もあるでしょう。ChatGPTが「地頭はよく、情報処理能力も高いが、まったく気が利かず、イチから細かく作業内容を指示しないと何もできない若手社員」であるかのように接すると、いい回答を得られるといわれています。つまり、「そこは適当にうまくやっておいて」という指示でも結果は出てきますが、**自分が欲しい結果を得るためには、プロンプトを繰り返す労力を惜しんではならないのです**。

CHAPTER 3

02 プロンプトの基本形を知っておく

「マスト」や「ベスト」はないが「ベター」はある

ChatGPTをはじめとする文章生成AIには、非常に広い範囲の問題解決手法が存在し、表現の自由度が最大限認められているため、**プロンプトには「マスト」となる厳格なルールは基本的に存在しません**。一方、この基準を満たせば、必ず最高の回答が得られるという「ベスト」も存在しません。**存在するのは、「この基準を守ることで回答の品質が上がるだろう」という「ベター」のみです**。

ここで紹介するプロンプトのパターンも「ベター」の1つです。プロンプトのパターンは多数考えられるため、「どれでなければならない（マスト）」とか「どれが最高である（ベスト）」とはいえませんが、「ベター」であるとはいえます。

◎ プロンプトの例

ここでは、プロンプトは以下の順序で記述します。

①ChatGPTの役割
②指示・命令
③目的
④条件提示
⑤回答例
⑥処理対象のデータ（入力文）
⑦出力形式

なお、注意してほしいのは、**①～⑦までのすべてが常に必要だというわけではないことです**。②は必須ですが、ほかの要素は記述しなくても求める回答が得られることも少なくありません。ただ、回答の品質を上げたり、特定の情報を求めるプロンプトに対応したりするのに、必要になることがあるのです。

では、それぞれについて解説していきます。

①ChatGPTの役割

ChatGPTにどんな役割を担ってもらうのかを明示します。たとえば「あなたは小学校教師です」「あなたは科学技術に詳しいジャーナリストです」などという書き方が考えられます。ここで忘れないようにしたいのが「最高の」を役割の前に付けることです。ほかの場所に付けてもいいのですが、とにかく「最高の」を入れることで、回答のレベルが明らかにアップします。

②指示・命令

ChatGPTに何をしてほしいのかをはっきりと指示します。もし箇条書きなどで個数の指定があれば、ここに含めておくと伝わりやすくなります。この指示・命令はなるべく前に配置すべきなので、役割の直後に書くのがいいでしょう。

③目的

②指示・命令が何のためのものなのかを明示します。たとえば量子力学のことを解説してもらうとき、理系大学院生向けと中学生向けとではまったく別の書き方になります。もし中学生向けであれば、「中学生に量子力学のことを知ってもらいたい」と目的を書いておけば、回答の内容が中学生向けになります。

④条件提示

何らかの守ってほしい条件があれば、ここに箇条書きで並べていきます。ただし、条件を出せばChatGPTは必ず守るかというと、そうでもありません。守ってほしい条件を無視されたら、プロンプトを改良してみましょう。

⑤回答例

面倒な回答をしてほしいときや、指示だけでは伝わらないような作業をしてほしいときは、例示するとうまくいくことがあります。

⑥処理対象のデータ（入力文）

要約やリライトなどをChatGPTに依頼するときは、後半にもとの文章を含めるようにしましょう。メールを書いてもらうときは、ごく簡単でくだけた文体でいいので、メールに書いてほしい内容をここに含めておくといいでしょう。

⑦出力形式

回答を箇条書きや表、リスト形式にしてほしいときは、そのように指示します。かなり柔軟に設定できるので、いろいろ試してみる価値があります。

CHAPTER 3

03 高度なプロンプトの書き方も知っておく

細かいテクニックも知っておくと便利

前節では、プロンプトを作成する際の「ベター」な方法を解説しました。ここでは、多くのプロンプトに追加するだけで効果が出やすい、いわば「魔法のキーワード」を紹介します。

◎「ステップバイステップで」

プロンプトに「ステップバイステップで考えて」という文言を含めると、推論を細かくステップに分けようとします。結果として、回答の品質が上がるというわけです。

◎「質問してください」

プロンプトの末尾に「最高の結論を得るために追加の情報が必要であれば、質問してください」などと付け加えると、ChatGPTが質問してくることがあります。その場合は、追加の情報をプロンプトに含めることで、回答の品質が上がります。

◎ 記号でプロンプトを分割する

プロンプトは、改行せず、複数の文を1つの段落としてまとめてChatGPTに与えても回答は得られます。しかし、分割したほうが回答が長くなって、品質が上がりやすくなります。分割方法は、意味のまとまりごとに改行し、見出しとして「#〇〇」という文字列を入力するか、「## 〇〇 ##」などという文字列で区切るといいでしょう(P.47参照)。

◎ プロンプトを英語で書く

ChatGPTのベースとなっている大規模言語モデルGPT-3.5やGPT-4で、最もよく使われている言語は英語です。つまり、日本語よりも英語のデータがたくさん蓄積されているため、英語でプロンプトを書いたほうが回答の品質が上がる傾向にあります。

とはいえ、英語でスラスラとプロンプトを書ける人はかなり限られるでしょう。そんなときは、**日本語でプロンプトを書いたものを翻訳ツールで英語に直して、それをChatGPTにプロンプトとして与えるのです**。試してみるとわかりますが、明らかに回答の分量が増え、さらには速度も上がります。得られた回答は、翻訳ツールで日本語に直して確認します。

また、プロンプトを翻訳アプリで英語に翻訳してからChatGPTにコピー&ペーストし、回答を翻訳アプリで日本語に翻訳するという作業が面倒な場合は、以下のように、**プロンプト内に翻訳作業を組み込みます**。

TJ

\# 役割
あなたは最高の小学校教師です。

\# 目的
小学生の保護者に対して、アドバイスしてください。

\# 指示
算数が不得意な小学生に、算数の楽しさを教え、算数を好きになってもらい、さらには算数の成績が上がるようにしたいのですが、どういう方法がありますか。

\# 条件
最高の結論を得るために追加の情報が必要であれば、質問してください。

\# 手順
\#\# ステップ1
上記の「指示」を英訳します。

\#\# ステップ2
ステップ1で英訳した「指示」を実行します。

\#\# ステップ3
実行結果を日本語訳します。

◎繰り返しを実行させる

ChatGPTには、出力した結果を自ら評価する機能があります。それを利用して、回答を自分で評価させ、基準に達しているものを選択したり、基準に達していない場合は、指示を再度実行させたりできます。実例を見てみましょう。

TJ

```
# 役割
あなたは最高のコピーライターです。

# 指示
手順1. 新製品のコピーを10個作成してください。
手順2. 作成したコピーから最高のものを1個選んでください。
手順3. 選んだコピーを表示して、記号Aを添えてください。

手順4. 新製品のコピーを10個作成してください。
手順5. 作成したコピーから最高のものを1個選んでください。
手順6. 選んだコピーを表示して、記号Bを添えてください。

手順7. 新製品のコピーを10個作成してください。
手順8. 作成したコピーから最高のものを1個選んでください。
手順9. 選んだコピーを表示して、記号Cを添えてください。

手順10. 記号A, 記号B, 記号Cのコピーを取り出して、表示してください。
手順11. 記号A, 記号B, 記号Cのコピーから最高のものを1個選んでください。

# 条件
- 新製品はライ麦100%のパンである
- 新製品は真空パックに入っており、賞味期限は1年間だ
- 新製品は茶色っぽい色をしている
- 新製品は香ばしい香りがする
- 新製品はチーズやトマト、きゅうり、ハムなどを挟んでサンドイッチで食べるのが一般的だ
- 新製品はトースターで焼いて、バターやオリーブオイルでそのまま食べても美味しい

# 出力
```

ChatGPTの回答は省略しますが、このようなプロンプトを実行することで、回答の品質を上げることができます。

04 プロンプトの細かいテクニック

プロンプトのひな形を簡単入力する

ChatGPTの利用においては、プロンプトの使いこなしが最重要であることをここまで述べてきました。最後に、知っていると役に立つ細かいテクニックを挙げておきます。

まず、**よく使うプロンプトのひな形をテンプレートとして登録しておく**方法を紹介します。いくつかやり方がありますが、Windowsユーザーにとってやりやすいのはフリーソフト「Clibor」を使う方法でしょう。

1 Ctrlキーを連打して起動

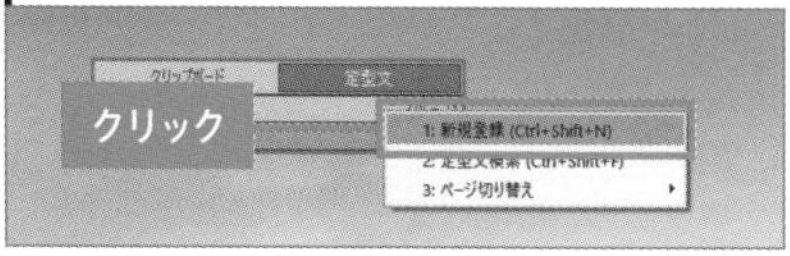

作者のWebサイトからアプリをダウンロードしてインストールしたら、実行ファイルをダブルクリックして起動する。Ctrlキーを2回続けて押すと、Cliborが起動するので、「定型文」をクリックし、「グループ1」を右クリックして「新規登録」を選択する

Clibor

作者：千草
種別：フリーソフト
URL：https://chigusa-web.com/

2 テンプレートを登録

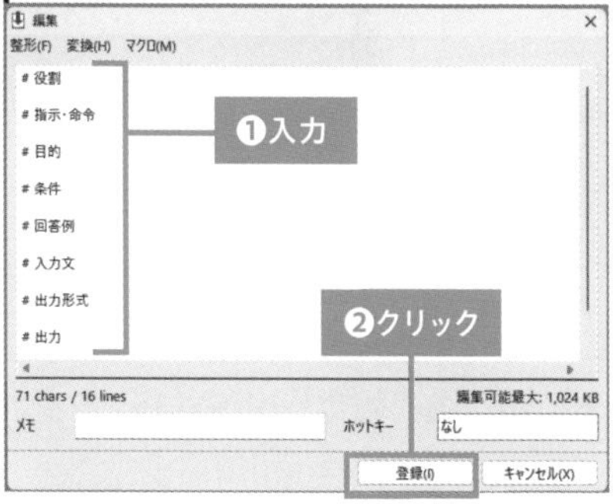

「編集」ウィンドウが表示されたら、プロンプトのひな形を入力して「登録」をクリック。これで登録完了だ

3 プロンプトのテンプレートを入力

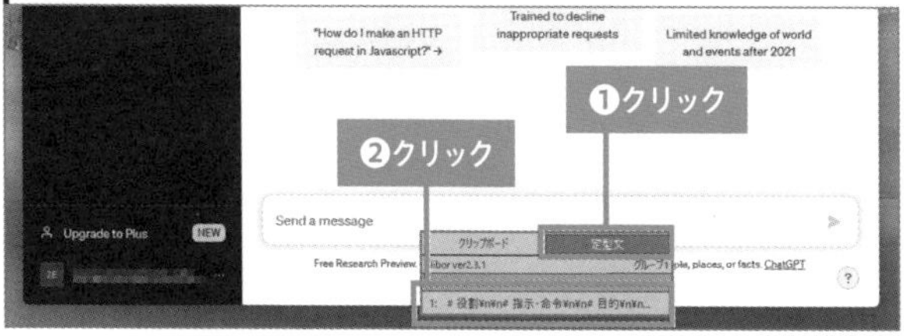

テンプレートを入力したい箇所をクリックしてから、Ctrlキーを連打してCliborを起動。「定型文」をクリックして、入力したいものを選択する

回答の文字数をカウントする

ChatGPTの回答で気になる点の1つが、文字数制限が効かないことです。「180文字以上、200文字以内で」などと指定しても、ほとんど無視されます。**回答の正確な文字数をカウントしたいなら、フリーソフト「文字数サーチ」が便利です**。

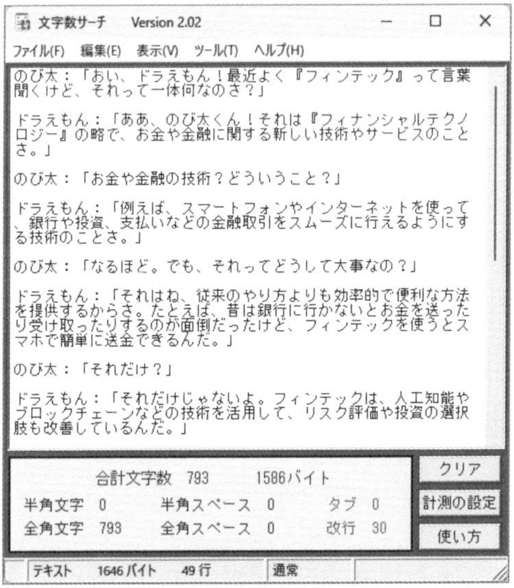
文字数サーチ　Version 2.02
ファイル(F)　編集(E)　表示(V)　ツール(T)　ヘルプ(H)
のび太：「おい、ドラえもん！最近よく『フィンテック』って言葉聞くけど、それって一体何なのさ？」
ドラえもん：「ああ、のび太くん！それは『フィナンシャルテクノロジー』の略で、お金や金融に関する新しい技術やサービスのことさ。」
のび太：「お金や金融の技術？どういうこと？」
ドラえもん：「例えば、スマートフォンやインターネットを使って、銀行や投資、支払いなどの金融取引をスムーズに行えるようにする技術のことさ。」
のび太：「なるほど。でも、それってどうして大事なの？」
ドラえもん：「それはね、従来のやり方よりも効率的で便利な方法を提供するからさ。たとえば、昔は銀行に行かないとお金を送ったり受け取ったりするのが面倒だったけど、フィンテックを使うとスマホで簡単に送金できるんだ。」
のび太：「それだけ？」
ドラえもん：「それだけじゃないよ。フィンテックは、人工知能やブロックチェーンなどの技術を活用して、リスク評価や投資の選択肢も改善しているんだ。」
合計文字数　793　1586バイト
半角文字　0　半角スペース　0　タブ　0
全角文字　793　全角スペース　0　改行　30
クリア
計測の設定
使い方
テキスト　1646 バイト　49 行
通常

文字数サーチ

作者：すいれん
種別：フリーソフト
URL：http://www.vector.co.jp/soft/win95/util/se347121.html

「文字数サーチ」を起動して、カウントしたいテキストをアプリ中央のエディタ部分にペーストするだけで、文字数が自動的にカウントされる。「計測の設定」をクリックすると、改行など特殊文字をカウントするかどうか、半角文字のカウントをどうするかなどが設定できる

もっと手軽に回答全体をカウントしたいときは、Chromeの拡張機能「Superpower ChatGPT」を利用するといいでしょう。**回答が出力されるたびに、回答全体の文字数が自動的にカウントされ、表示されます**。

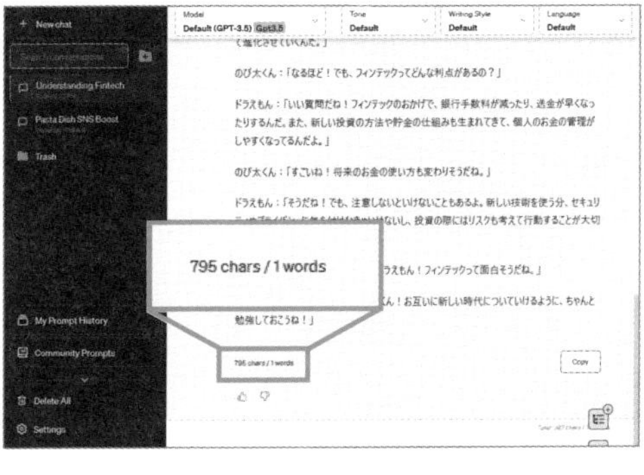
New chat
Understanding Fintech
Pasta Dish SNS Boost
Trash
My Prompt History
Community Prompts
Delete All
Settings
Model
Default (GPT-3.5)
Tone
Default
Writing Style
Default
Language
Default
のび太くん：「なるほど！でも、フィンテックってどんな利点があるの？」
ドラえもん：「いい質問だね！フィンテックのおかげで、銀行手数料が減ったり、送金が早くなったりするんだ。また、新しい投資の方法や貯金の仕組みも生まれてきて、個人のお金の管理がしやすくなってるんだよ。」
のび太くん：「すごいね！将来のお金の使い方も変わりそうだね。」
795 chars / 1 words
勉強しておこうね！」
Copy

「Superpower ChatGPT」をインストールしておけば、回答の文字数が自動的に計算される。ここでは「795 chars」と表示されているので、795文字だとわかる

プロンプト内で改行しやすくする

ChatGPTの入力欄でプロンプトを書いているとき、Enterキーを押すと入力済みのプロンプトがChatGPTに送信されます。プロンプト内で改行したいなら、あらかじめメモ帳などのテキストエディタで書いてコピー&ペーストする方法もありますが、最も簡単なのはShiftキーを押しながらEnterキーを押す方法です。しかし、**頻繁に改行したいなら、Chromeの拡張機能「ChatGPT Ctrl+Enter Sender」を使う方法がおすすめです**。

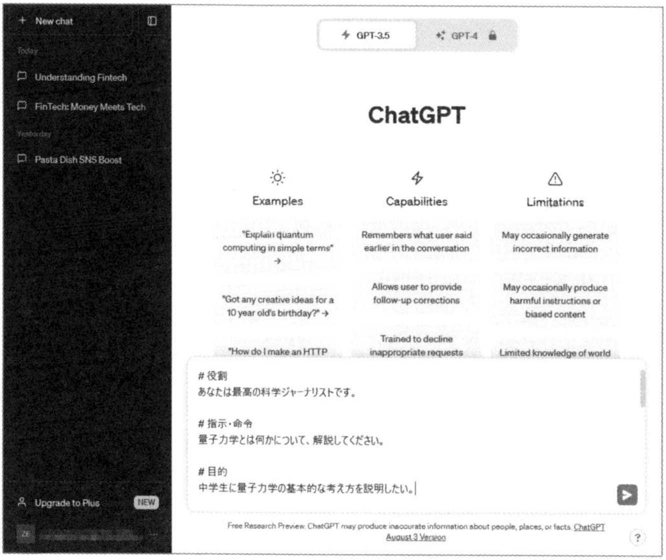
New chat
Today
Understanding Fintech
FinTech: Money Meets Tech
Yesterday
Pasta Dish SNS Boost
Upgrade to Plus
NEW
GPT-3.5
GPT-4
ChatGPT
Examples
"Explain quantum computing in simple terms" →
"Got any creative ideas for a 10 year old's birthday?" →
"How do I make an HTTP
Capabilities
Remembers what user said earlier in the conversation
Allows user to provide follow-up corrections
Trained to decline inappropriate requests
Limitations
May occasionally generate incorrect information
May occasionally produce harmful instructions or biased content
Limited knowledge of world
役割
あなたは最高の科学ジャーナリストです。
指示・命令
量子力学とは何かについて、解説してください。
目的
中学生に量子力学の基本的な考え方を説明したい。
Free Research Preview. ChatGPT may produce inaccurate information about people, places, or facts. ChatGPT August 3 Version
?

「ChatGPT Ctrl+Enter Sender」をインストールすると、ChatGPTの入力欄でEnterキーを押しても改行するだけで、ChatGPTにプロンプトが送信されなくなる。送信したいときはCtrlキーを押しながらEnterキーを押す

COLUMN

「本当ですか？」はあまり効果的ではない

ChatGPTの回答には誤りが含まれることがあります。それを指摘すると、「申し訳ありません」などと謝って、別の回答を出してきます。これを利用して「本当ですか？」とたずねるテクニックが紹介されることがあります。パッと見ると、ChatGPTが誤りを指摘されて、再度調べ直しているように思えますが、実はそうではありません。
何度もテストしてみるとわかりますが、別の回答を出してくるものの、それも誤っていることがあります。これは、ChatGPTが正解を知らないからです。もし正しい答えにたどり着いたとしても、それは偶然なので、テクニックとしてはおすすめできません。

ChatGPTで長文を書くには

長文を書くのは、本職であるライターや作家にとっても、かなりストレスのかかる作業です。ChatGPTを使うと、叩き台を作る段階の作業が大変楽になります。ここでは、ChatGPTに手伝ってもらいながら、長文を書く方法を紹介します。

◎ 目次を作成して英語に訳す

まずテーマを決めて、目次を作ってもらいます。その際、とくに主張したいことがあれば、テーマの中に含めて方向性を出す助けにするといいでしょう。

目次ができたら英語に訳してもらいます。これは、英語のプロンプトに対する回答のほうが高品質であり、しかも出力する文章の量が多い傾向があるからです。

◎ 目次をプロンプトに含めて少しずつ書かせる

プロンプトに英訳した目次を含めて、少しずつChatGPTに書かせます。出力に使う言語は、日本語でもいいのですが、高品質なものが欲しいときは面倒でも英語で出力させ、DeepLやGoogle翻訳、またはChatGPTそのもので日本語に直します。

◎ 自分の体験談や考え方を含めてリライトさせる

ここまでの手順を繰り返せば、ある程度の品質の文章は作れます。しかし、個人の体験談や考え方はまったく入っていないので、読者の目を引きにくいものになってしまいます。

そこで、体験談や考え方をプロンプトに含め、さらにリライトさせます。なお、目次をプロンプトの最初に提示し、作成を指示した文章はその目次の一部であることをはっきりとChatGPTに伝えるようにします。

◎ 最後は自分で手を入れる

文章を書く習慣のない人は、ここまでの手順で十分だと思ってしまうかもしれません。実際、ここまでにできた文章だけでも、文章力の低い人が自分で書くよりはずっと読みやすいものができあがります。

しかし、多少の文章力を持っていて、さらに読者に訴えかける文章にしたいなら、ChatGPTが書いた文章を叩き台として、自分で書き直すのがおすすめです。

CHAPTER

4

文章や企画を作成する

01 SNS向けに投稿を修正する

絵文字やハッシュタグも挿入してくれる

SNSに投稿する文章は、**ゼロからChatGPTに作成してもらうより、まず自分で骨格を記述し、それを修正してもらうほうが自然になります**。プロンプトには、投稿の目的や方向性を含めるのがポイントです。修正後の文章には、必要に応じて絵文字やハッシュタグ、リンクの案内なども追加されます。なお、X(旧Twitter)の投稿文を作成する場合は、旧名である「Twitter」を用語として使用しましょう。

TJ

山梨県の温泉旅館のTwitterアカウントです。投稿の狙いを満たすように、次の投稿文を修正してください。

#投稿の狙い
・多くのユーザーから「いいね」やリツイートを獲得したい
・旅館の集客につなげたい

#投稿文
紅葉のシーズンです。温泉旅館では、見事な紅葉が楽しめる特別プランをご用意しています。秋の風情を感じながら、当館自慢の露天風呂をお楽しみください。紅葉の名所である昇仙峡も近くにございます。

AI

山梨県の温泉旅館のTwitterアカウントが投稿する際の狙いを満たすように、以下のように投稿文を修正します。

★ 紅葉のシーズン到来 ★
美しい紅葉を眺めながら、贅沢なひとときを過ごしませんか？当温泉旅館では、見事な紅葉を楽しめる特別プランをご用意しました。秋の風情を感じながら、当館自慢の露天風呂で心も身体も癒されてください。さらに、紅葉の名所である昇仙峡も近くにございます。

（後略）

CHAPTER 4

02 メールやSNSで届いたクレームに対応する

つらいクレーム対応もスムーズに行える

顧客からのクレームに対応するのは、非常につらい作業です。ChatGPTを使えば、**クレームへ返信する文章も効率的に作成できます**。プロンプトに原因となった商品やサービス、クレーム内容、対応策などを記述すれば、適切な回答文を作成してくれます(注)。

TJ

あなたは最高のユーザーサポート係です。顧客からクレームが届いたので、返信のメールを書いてください。

\# 入力文
御社の名前で毎日大量に詐欺メールが届く。今日はうっかりリンクしそうになった。どうしてくれるんだ！もっとちゃんと詐欺メール対策をしろ！メアドが流出してるんじゃないか？

\# 対応メールの内容
・メールアドレスを含めて顧客情報は厳重に管理しており、流出していない
・詐欺グループは不特定多数にメールを大量送信しているため、メールそのものを止めるのは無理
・詳しくは弊社サイトの「セキュリティに関するご案内」を参照してくれ

AI

件名: 御社のセキュリティ対策に関するお知らせとご案内

拝啓、お客様

お世話になっております。御社の大切なお声を拝読いたしました。まず初めに、お客様から頂戴した内容について、心よりお詫び申し上げます。お客様のセキュリティへのご懸念に関しまして、以下の点についてご説明申し上げます。
(後略)

(注)ChatGPTにメールを書かせたとき、細かい文言まで正しく出力されるとは限らない。そのまま使うのではなく、下書きに使う程度にとどめておきたい

03 ミーティングの日程調整を行う

候補日や条件を指定するだけで作成できる

ChatGPTでは、**ミーティングの相手、日程の候補日時などを指定するだけで、ビジネスメールを作成できます**。この際には、送信者である自分についての属性も含めて指示しておくと、冒頭文の部分も適切に書いてくれます。

TJ

以下の内容や条件でミーティングを行いますので、日程調整のビジネスメールを作成してください。

#メールの送信者
△△株式会社　営業部　佐藤

#ミーティングの相手
○○工業の鈴木様

#候補日
・10月3日（火）午後2:00　（中略）

#条件
・対面の場合は弊社5階会議室
・オンライン会議でもOK

AI

件名：ミーティング日程調整のお願い

拝啓　鈴木様

△△株式会社の営業部でお世話になっております、佐藤と申します。突然のご連絡にて恐れ入りますが、大変お忙しいことと存じますが、下記の内容でミーティングを開催させていただきたくメールを差し上げました。　（後略）

CHAPTER 4

04 見積書に対して断りのメールを書く

慎重を要するメールもスムーズに

金額が絡むビジネスメールでうっかり不用意な言葉を選んでしまうと、相手に不快感を与える可能性があります。ましてや、相手の提案を断る場合には、細心の注意が必要です。プロンプトでは、書き手の属性、文面の内容や条件を指示すればOKです。

TJ

あなたは店舗開発を担当する営業部長です。以下の内容と条件に基づき、○○社の工事代金の見積書への返信メールを作成してください。

#内容
・迅速な見積書の提示に対する謝意
・昨今の原料高の影響もあると思われるが、見積金額が高いと判断
・弊社の想定予算を超えてしまうので、申し訳ないが今回はお断りしたい

#条件
・相手の心象を損ねないようにする
・丁寧な表現にする
・こちらの誠意が伝わるようにする
・今後の取引に支障がないようにする

AI

【件名】: ○○社見積書に関するお返事

○○社 様

いつもお世話になっております。弊社の店舗開発を担当しております○○と申します。

先日は速やかに詳細な見積書をご提示いただき、誠にありがとうございました。
手際良い対応と精密な作業ぶりには、改めて感謝の意を申し上げます。　（後略）

CHAPTER 4

05 目上の人に向かってお願いする

社会的地位の高い相手の心を動かす

自分より社会的地位が高い人物に何かを依頼する場合は、丁寧な手紙が必要になるケースもあります。そんなときは、**プロンプトで依頼相手の条件、依頼文の方向性などを指示すれば、相手の心を揺り動かすような文章を作成できます**。

TJ

あなたは、大手広告代理店の若手社員です。あなたのクライアントであるA社の広告用コピーを有名作家に書いてもらうことになりました。効果的な依頼文を教えてください。

条件
・その作家は70代の男性
・広告で扱う商品は高級腕時計
・その作家は腕時計が好き
・その作家は腕時計の革ベルトにこだわりがある

依頼文の条件
・手紙の形式で
・2000文字以上で
・とにかく丁寧な文章で

AI

親愛なる〇〇様(作家の名前)へ

初めまして、私は大手広告代理店に所属しております〇〇と申します。普段からあなたの素晴らしい作品に深く感銘を受けており、まさに言葉の魔術師とも言うべきあなたの表現力には何度も励まされ、また学ばせていただいております。

このたび、私たちはあなたにひとつ、大変なお願いを申し上げたいと考えております。当社の大切なクライアントであるA社が、近々新しく発売する高級腕時計の広告用コピーを、あなたのお手によって描かれることを望んでおります。(後略)

CHAPTER 4

06 同僚・上司に対して困りごとの相談をする

問題点を明確にしてメールを作成

ビジネスの現場で思いがけないトラブルが生じたとき、**プロンプトで問題点を箇条書きにするだけで、相談メールを書いてもらうことができます**。表現のトーンや言い回しについても言及しておくといいでしょう。

TJ

あなたは広報部のプロジェクトリーダーです。以下の条件に基づいて、同じ会社の先輩である田中さんに相談メールを書いてください。

#内容
・進行中のキャンペーン企画に問題が生じたので相談したい
・予定していた販促商品の調達が遅れている
・可能であれば納品日を遅らせてほしい
・予算をあと50万円ほど追加してほしい

#条件
・事態の深刻さが伝わるように
・失礼のないように丁寧な表現で

AI

件名: キャンペーン企画に関する相談

田中さん

お世話になっております。広報部のプロジェクトリーダーの[あなたの名前]です。進行中のキャンペーン企画について、問題が生じてしまいましたので相談させていただきたく、メールを差し上げました。

現在、予定していた販促商品の調達が予期せず遅れております。調達に関わる問題が発生したことにより、納品日が予定よりも遅れる見込みとなってしまいました。お客様にご迷惑をおかけしてしまうことを心苦しく感じております。　（後略）

07 通販の代金支払いが遅れている客に連絡する

状況に応じた督促メールを書ける

ChatGPTでは、**プロンプトに要旨などを記述すれば、支払いが遅れている顧客向けに簡単に督促用のメールを書いてもらえます**。それぞれの相手に応じた文面の作成はもちろん、督促メールのフォーマット作成にも役立ちます。

TJ

あなたは通販ショップのオーナーです。代金支払いが遅れている客への支払督促メールを書いてください。

要旨
・後払いの約束で商品は送付済み
・支払い期限は、本来先月末だった
・1週間経ったが、まだ入金がない
・支払い方法は銀行振込
・まず忘れていないかを確認して、まだ入金していないなら速やかに支払うように促す
・振込済みで行き違いになった場合は、謝る
・疑問があれば、電話03-0000-0000、またはメールshop@example.comに連絡してほしい

#条件
・威圧感を与えない
・丁重な表現で

AI

件名: ご注文に関するお支払いのご確認とお願い

拝啓、[お客様の名前様]

ご利用いただき、誠にありがとうございます。私どもの通販ショップをご利用いただき、心より感謝申し上げます。（後略）

08 還暦を迎える取引先の担当者にメールを書く

さりげなく謝意が伝わる内容に

誕生日などの節目には、取引先にお祝いのメールを送る機会もあるでしょう。お祝いメールはともすれば大げさな表現を使いたくなりますが、相手はあくまでも取引先ですから、節度ある文面にすることが求められます。プロンプトでは、お祝いの目的や対象に加え、さりげなく謝意が伝わるように大げさな表現を避けることや、節目に関する一言を入れるのがおすすめです。

TJ

あなたはA社の社員です。取引先のB社に所属する鈴木部長に送信する還暦のお祝いメールを書いてください。

条件
・鈴木部長は先週が誕生日で、60歳になった
・鈴木部長は男性
・お祝いのプレゼントは、花束と高級万年筆で、すでに送付済み
・わざとらしい表現は避ける
・還暦が新たなスタートになることを願う

AI

以下は、鈴木部長宛ての還暦のお祝いメールの例文です。

鈴木部長 殿

お世話になっております。A社の[あなたの名前]でございます。

先週、貴重な還暦の節目を迎えられたことを伺い、心よりお祝い申し上げます。長い間、多くの経験と功績を重ねてこられた鈴木部長のこれからのご活躍を心より楽しみにしております。 (後略)

09 メールの返信を簡単に書く

「ChatGPT Writer」でGmailから素早く返信

Chrome拡張機能の「ChatGPT Writer」をインストールすると、**Gmailで受信したメールに対して、簡単に返信を作成できます**。シンプルな指示だけで文面が瞬時に生成され、ワンクリックで返信画面に貼り付けできます。なお、事前にGmailと同じブラウザーでChatGPTにログインしておく必要があります。

1 返信画面で拡張機能を実行

ChatGPT Writer
Email context
Briefly enter what do you want to reply
このメールに返信してください。9月5日（火）13時を希望します。
Generate Reply
❷入力
❸クリック
❶クリック

ChatGPT Writer

開発者：chatgptwriter.ai
URL：https://chrome.google.com/webstore/detail/chatgpt-writer-write-mail/pdnenlnelpdomajfejgapbdpmjkfpjkp

「ChatGPT Writer」をインストールし、あらかじめChatGPTにログインしておく。Gmailで返信用画面を開き、画面下部の「ChatGPT Writer」アイコンをクリック。「Briefly enter～」の欄に「このメールに返信してください。」と入力し、その後に返信内容を端的に書いたら、「Generate Reply」をクリックする

2 作成された返信を確認して反映

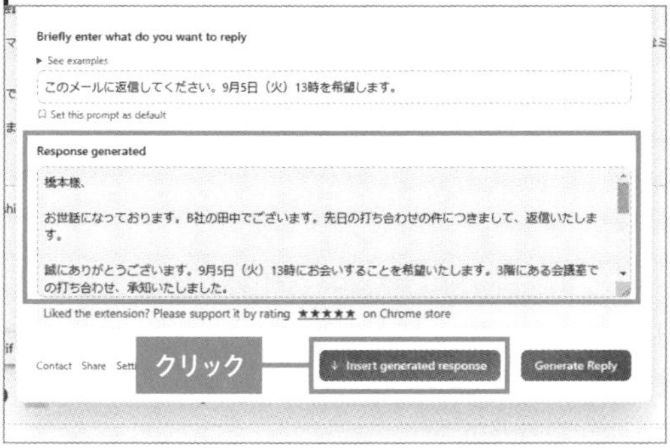
Briefly enter what do you want to reply
See examples
このメールに返信してください。9月5日（火）13時を希望します。
Set this prompt as default
Response generated
橋本様、
お世話になっております。B社の田中でございます。先日の打ち合わせの件につきまして、返信いたします。
誠にありがとうございます。9月5日（火）13時にお会いすることを希望いたします。3階にある会議室での打ち合わせ、承知いたしました。
Liked the extension? Please support it by rating ★★★★★ on Chrome store
Contact Share
クリック
Insert generated response
Generate Reply

「Response generated」の欄に返信が作成される。内容を確認して問題なければ、「Insert generated response」をクリックすると、Gmailの返信本文欄に挿入される

10 アンケートの設問を作成する

項目の提案後に設問を作成してもらう

市場調査などの目的でアンケートを行う場合、設問をゼロから考えるのは難しいものです。そこで、**ChatGPTを使ってアンケート項目の提案をしてもらいましょう**。実際に項目に目を通すことで、アンケートの方向性が見えてきます。引き続き、設問に必要な要素を条件として設定すれば、そのままアンケートの設問を作成してもらえます。

TJ

あなたは化粧品会社の市場調査部のマネージャーです。現在検討しているシャンプーの新製品開発のためにアンケート調査を行います。アンケート項目を10個提案してください。

#条件
・アンケート対象は20歳～ 40歳の女性

AI

新製品開発のためのシャンプーに関するアンケート調査のために、以下の10個の項目を提案します。

1.あなたの髪のタイプを教えてください（例：乾燥、オイリー、くせ毛など）。

2.通常、一度のシャンプーで髪の汚れや頭皮の問題を解決できますか？

3.新しいシャンプーに期待する特定の効果はありますか？（例:ボリュームアップ、ダメージ補修、頭皮の健康など）

4.シャンプー選びの際に重要視する要素は何ですか？（例:天然成分、無添加、香り、価格など）

5.現在使用しているシャンプーのブランドや商品名を教えてください。　（後略）

提案された項目を確認したら、2つ目のプロンプトには設問に必要な要素や回答方法などを条件として設定。これに応じてアンケートの設問が作成されます。

TJ

提案された項目を踏まえて、以下の条件でアンケートの設問を作成してください。

#条件
・設問数は8個
・自由記述の設問は入れない
・内容量に関する設問を入れる
・予算についての設問を入れる
・購入場所についての設問を入れる
・設問および選択肢には、番号もしくはアルファベットを付ける
・選択肢に「その他」は入れない

AI

アンケートの設問を以下のように作成します。

1.髪のタイプを選んでください：
a) 乾燥
b) オイリー
c) くせ毛

2.新製品に期待する特定の効果はありますか？
a) ボリュームアップ
b) ダメージ補修
c) 頭皮の健康
d) なし

3.シャンプー選びの際に重要視する要素は何ですか？
a) 天然成分
b) 無添加
c) 香り
d) 価格

4.通常、一度のシャンプーで髪の汚れや頭皮の問題を解決できますか？
a) はい
b) いいえ

（後略）

11 アンケート結果の分析を行う

傾向を分析して解説してくれる

ChatGPTでは、**商品の使用レビューなど、自由記述のアンケート結果の分析も可能です**。回答内容から傾向などを解説してくれるので、商品の強みや改善点などを把握するのに役立ちます。また、回答者の性別や年代による傾向の違いを表にしてもらうことも可能です。

TJ

以下のアンケート結果を分析し、特徴などを解説してください。また、属性による傾向の違いがあれば表形式で作成してください。

女性・30歳：「甘党の私でも甘さ控えめで食べやすかったです。大きめのチップがたっぷり入っていて、リーズナブルな価格で大満足です！」　（後略）

AI

このアンケート結果は、特定の商品（チョコチップクッキー）に対するさまざまな属性・年齢・性別の消費者の意見を含んでいます。ここから、いくつかの特徴と傾向を解説します。　（中略）

以下は性別と年齢による属性の違いに基づく傾向をまとめた表です。　（後略）

COLUMN

「Code Interpreter」ならファイルごとアップロード

有料プランなら、Code Interpreterを利用してExcelなどのファイルをアップロードして分析できます。ただし、とくに指示しないと、やや統計学的な分析に偏ってしまいますので、プロンプトでは「この回答結果から商品の強みを教えて」のように、具体的な分析ポイントを指示しましょう。

12 自由記述のアンケートを楽に処理する

評価などでタグ付けを行う

自由記述のアンケート結果を、肯定的な評価と否定的な評価に分けて整理したいときがあります。そんなときは、**回答結果をChatGPTに読んでもらい、「良い」「悪い」などのタグを付けて処理してもらうことができます**。

TJ

以下のアンケートの評価内容に応じて、「良い」「悪い」のタグを付けて表形式で出力してください。

田中健太「清潔で快適な部屋と迅速なチェックインで助かりました。朝食の品揃えも豊富で、仕事に集中できる環境でした。」　(後略)

AI

顧客名	評価内容	タグ
田中健太	清潔で快適な部屋と迅速なチェックインで助かりました。朝食の品揃えも豊富で、仕事に集中できる環境でした。	良い
山田美香	料金が安かったけれど、部屋の清潔さや設備がいまいちでした。特にWi-Fiの接続が弱く、仕事に支障をきたすこともありました。	悪い
佐藤太郎	出張で利用したこのホテルは、静かな環境で仕事に集中できました。無料の高速Wi-Fiもありがたかったです。ホテル内のレストランも美味しく、大満足でした。	良い
鈴木真理子	朝食の品揃えがあまり豊富ではなく、同じメニューばかりで飽きてしまいました。レストランのサービスも遅く、待たされることが多かったです。	悪い
高田健太郎	ホテルの予約時に要望した非喫煙ルームが用意されておらず、タバコのにおいが気になりました。スタッフの対応もあまり丁寧ではなく、不快な思いをしました。	悪い
伊藤由香	ビジネスホテルとは思えないほどの高級感がありました。部屋のアメニティも充実していて、居心地が良かったです。	良い

13 ブログ向けの記事を書く

章構成を作り込んでから本文を作成

ChatGPTは、ブログ記事のように特定のテーマに基づいて文章を書くのが得意です。きちんと意図した記事にするためには、最初に章の構成をしっかり立てることが重要です。**記事のテーマや章の数などの条件を指示すると、大まかな構成案を提示してくれるので、プロンプトを重ねて構成をブラッシュアップします**。あとは、その構成にしたがって本文を書いてもらえば、長い記事でも効率的に仕上がります。

TJ

ブログ記事を書きたいと思います。以下の条件にしたがって、章構成を考えてください。

#筆者プロフィール
小学２年生から野球を始め、高校時代は名門野球部でエースで4番、夏の甲子園でベスト４の実績を残す。大学では独自に高校野球の歴史や文化を研究し、ブログを中心に執筆活動を行っている。

#条件
・テーマは「高校野球の人気の秘密」
・全体を6章で構成

AI

素晴らしいですね！高校野球に関するブログ記事を書くことは、あなたの経験と研究に基づいて興味深く読まれることでしょう。以下は、6章の章構成の提案です:

第1章：高校野球とは
・高校野球の概要と歴史
・なぜ高校野球は日本で人気なのか
・筆者が高校野球に魅了されたきっかけ　（後略）

提案された構成案に追加したい項目などがあれば、以下のように指示するなどして、適宜ブラッシュアップしていきましょう。

TJ 第3章にブラスバンドについての項目を加えてください。

AI もちろん、第3章にブラスバンドについての項目を追加します。以下のように項目を追加しましょう：

第3章：地域との結びつき
・高校野球と地域コミュニティの関係性
・甲子園に繰り広げられる応援文化
・ブラスバンドの役割と高校野球への貢献

ブラスバンドは高校野球の興奮と感動をさらに引き立てる重要な要素であり、地域との結びつきを強化する貴重な存在です。地元の人々はブラスバンドを通じて応援に参加し、一丸となってチームを後押しすることで、高校野球の人気と魅力がより一層深まっています。

長文のブログを書く場合は、以下のように章内をさらに細かく節に分けてもらうこともできます。最終的に本文を書くのはChatGPTですが、全体の流れを把握する目的で細かい構成案が欲しいときに役立ちます。

TJ この構成案で、さらに細かく節を加えて再構成してください。

AI 第1章：高校野球とは
・1.1 高校野球の起源と歴史
・1.2 高校野球の普及と全国大会の始まり
・1.3 高校野球の人気が日本中に広がる理由
・1.4 筆者が高校野球に魅了されたきっかけ

第2章：高校野球の栄光と感動

（後略）

満足のいく構成案が仕上がったら、いよいよ本文を書いてもらいます。読者のターゲットや言い回しなどを指示しましょう。また、あくまでも目安となりますが、文字数も指示しておくといいでしょう。

TJ

この構成で、各章が300文字程度になるように記事の本文を作成してください。

#条件
・読者のターゲットは20代から50代の野球ファン
・文章は簡潔でわかりやすい表現にする

AI

了解しました。以下は、各章が約300文字程度になるように記事の本文を作成した案です：

第1章：高校野球とは
1.1 高校野球の起源と歴史
日本の高校野球は、明治時代末期にアメリカから伝わった野球がルーツとされています。その後、様々な試行錯誤を経て、全国大会である甲子園が始まりました。甲子園は、選手たちが夢を追い求める聖地として多くの人々に愛されるようになりました。

1.2 高校野球の普及と全国大会の始まり
高校野球は地域から全国に広がり、多くの学校が熱戦を繰り広げるようになりました。全国大会は、地域の代表校が一堂に会する祭典として、高い人気を誇ります。地域の応援団やブラスバンドが大会を盛り上げ、全国に熱い感動を届けています。

1.3 高校野球の人気が日本中に広がる理由
高校野球の人気の秘密は、日本人の共通する価値観と結びついています。一生懸命に頑張る姿や仲間との絆、そして感動的な勝利と敗北のドラマは、多くの人々の心を打ち、共感を呼び起こします。これらの要素が、幅広い世代の野球ファンに愛される理由です。

1.4 筆者が高校野球に魅了されたきっかけ
私自身も小学生の頃から高校野球を見て育ち、その情熱と感動に引き込まれました。選手たちの熱いプレーと応援団の声援、そしてブラスバンドの音楽に包まれる瞬間は、私にとっての宝物です。高校野球の人気の理由を探求する旅が、私のブログ執筆活動の原動力となっています。 （後略）

◎ 短い記事なら章を立てずに1つの記事にする

最初にざっくりとした章構成を作ってみたものの、全体が400 ～ 500字程度の短い記事なら、章に分けるとかえって仕上がりが不自然になることがあります。このような短い記事の場合は、以下のプロンプトのように、すべての章の内容をまとめて1つの記事として作成してもらう手があります。

TJ　この構成を章で分けずに、すべてを1つの記事本文として500文字程度で作成してください。

AI　高校野球とは日本のスポーツ文化を代表する存在であり、様々な感動と栄光を生み出してきました。その歴史や概要は多くの人々に愛される理由の一端となっています。私自身も高校野球に魅了された経緯があります。

甲子園は高校野球の象徴であり、独特の魅力を持っています。伝統ある名勝負や感動の瞬間は、多くの人々の心に深い感銘を与えるでしょう。私自身もそのような瞬間を経験し、高校野球の素晴らしさを理解しました。

高校野球は地域コミュニティとの結びつきが強く、甲子園の応援文化やブラスバンドの活躍によって一体感が生まれます。これらの要素が、高校野球の人気を支える大きな要因となっています。

野球部活動は若者に多くの影響と教訓を与えます。野球を通じて学ぶことは多岐にわたり、人間性やリーダーシップを育みます。その経験が将来の成長に繋がることは間違いありません。

メディアの進化も高校野球の人気に影響を与えています。テレビ中継やインターネットを通じて、高校野球の魅力が広がり、新たなファン層が生まれています。

高校野球の未来には課題もありますが、私はこれからも執筆活動を通じてその魅力を伝えていきたいと思っています。読者にも高校野球の素晴らしさを共感してほしいと願っています。

高校野球は日本の誇りであり、未来に向けて更なる発展を遂げていくことでしょう。皆さんにもその素晴らしさを知ってもらい、高校野球への共感を呼びかけたいと思います。

14 長文を読み込んで要約する

長すぎる文章は分割して読み込ませる

長文の要約はChatGPTの得意な分野ですが、システムの都合上、**一度に入力できる文字数に制限があります**。たとえば、無料プランの「GPT-3.5」の場合、日本語で6000文字前後が入力の上限とされています。これ以上の長文を要約したい場合は、分割して読み込ませ、最後まで読み込ませたあとに指示を出して要約文を作成します。また、有料プランの「ChatGPT Plus」なら、Code Interpreter機能で長文のテキストファイルをアップロードして簡単に要約ができます。

TJ

これから長文を入力しますが、私が<終了>というまでは、<了解>という言葉のみ返答してください。それ以外の返答は一切不要です。

AI

了解

TJ

近年、グローバル化の進行とともに、多くの国や地域で増加しているインバウンド需要は、経済的利益をもたらす一方で、新たな問題、すなわち「オーバーツーリズム」を引き起こしている。インバウンド需要とは、国外からの観光客の増加やその需要を指し、多くの国や地域にとっては重要な経済源となっている。とくに、観光業が地域経済の主要な柱である国や地域にとっては、インバウンド需要の増加は歓迎される傾向がある。しかし、その背景には、深刻な社会的、環境的問題が生じている。

AI

了解

「了解」と返答が来たら、次の文章を貼り付けて入力します。このやりとりを繰り返し、すべての文章を入力していきましょう。入力が終わったら、最後に以下のプロンプトを実行すれば、要約文を作成してくれます。

<終了>
長文の入力が終わりましたので、簡潔に要約を作成してください。

要約：
グローバルなインバウンド需要の増加に伴い、オーバーツーリズムの問題が増えている。オーバーツーリズムは、地域社会や環境に深刻な影響を与える可能性がある。解決策としては、持続可能な観光の推進が必要であり、データ分析やデジタル技術の活用、国際的な協力が重要である。一方で、新たな観光資源の開発により地域の偏在化を緩和する機会もある。インバウンド需要とオーバーツーリズムを総合的に対応し、多角的な取り組みを進めることで持続可能な観光の実現が期待される。

なお、**有料版で提供される「Code Interpreter」機能を使えば、文字数の制限はありません**。長文のテキストファイルやWordファイルをアップロードし、プロンプトで「この文章を簡潔に要約してください」と指示すれば、要約が実行されます。

COLUMN

長文を分割できる無料サービスもある

「ChatGPT対応 長文分割ツール」（https://www.split.aitools.tokyo/）は、要約したい長文を貼り付けて分割を実行し、ChatGPTへの入力に適した形式に変換してくれる無料サービス。分割された文章を上から順番にコピーし、ChatGPTに貼り付けて実行すれば長文を扱えるようになります。

15 専門的な文書を読みやすくする

平易な文章にリライトしてもらう

法律や税金、特許などに関する文書は言葉遣いがかたいうえに、難解な用語なども多くて初心者には理解しにくいものです。そんなときは、**理解しやすい平易な文章にリライトしてもらいましょう**。

TJ

以下の入力文を10歳の子どもでも簡単に理解できるように、平易な文章にリライトしてください。

入力文
令和５年10月１日から、複数税率に対応した仕入税額控除の方式として、「適格請求書等保存方式」（インボイス制度）が開始されます。

⑴ 適格請求書発行事業者の登録制度
適格請求書等保存方式においては、買手は、仕入税額控除の要件として、原則、適格請求書発行事業者（インボイス発行事業者）から交付を受けた適格請求書（インボイス）等の保存が必要になります。 （後略）

AI

２０２３年１０月１日から、商品を買う時に使う税金のルールがちょっと変わるよ。これからは、複数の税率に合わせて商品を買うときの税金を計算する方法が変わるんだ。
まず、適格請求書という特別な請求書が大事になるよ。これは、売り手が買い手に正しい税金の情報を伝えるためのもの。売り手は税務署に登録しないと、この特別な請求書を使えないよ。
それと、売り手が商品を売ったときに、買い手が特別な請求書をもらえるようにしないといけないんだ。買い手がそれを求めたら、売り手はその特別な請求書を渡さないといけないんだよ。 （後略）

16 ロールプレイで平易な解説を作成する

よく知られているキャラクターを使う

ChatGPTで特定のテーマについての解説文を作成する場合、比較的かための文章が出力されます。しかし、そのテーマに予備知識がない場合は、文章を一読しても理解しにくいものです。そこでおすすめなのが、2人のキャラクターを登場させ、会話で解説してもらう方法です。疑問点や要点が噛み砕かれるので、初心者や子どもにも理解しやすくなります。なお、テーマによっては解説がかなりあっさりした内容になってしまうので、どのあたりまで解説するかプロンプトで指示しておくといいでしょう。また、キャラクターの口癖についても指示しておくと、より親しみやすい内容に仕上がります。

TJ

「フィンテック」について、ドラえもんとのび太の会話形式で、簡潔にわかりやすく説明してください。

#条件
・概要だけでなく、詳しい部分まで説明する
・ドラえもんは、のび太のことを「のび太君」と呼ぶ
・会話は、2人ともタメロで話す

AI

のび太: ねえドラえもん、フィンテックって何？
ドラえもん: いい質問だね、のび太君。フィンテックは「Financial Technology」の略で、金融とテクノロジーが融合したものを指すよ。
のび太: えっ、それって何がすごいの？
ドラえもん: 伝統的な銀行や金融機関と違って、フィンテックはスマホアプリやオンラインでのサービスが中心。送金、投資、ローンなどが簡単に、そして低コストでできるようになってるんだ。
のび太: あぁ、あれか！スマホでお金のやり取りとか、簡単に投資できるアプリとかってこと？
（後略）

17 難しいビジネス用語を例で説明する

身近なものに例えて解説してもらう

ビジネス用語を知らない顧客や取引先などにも理解してもらうには、日常的になじみのある事柄にたとえるのが効果的です。**ChatGPTは、たとえ話の引き出しが非常に豊富なので、簡単なプロンプトでわかりやすい説明を作成してくれます。**

TJ

「デジタルトランスフォーメーション」というビジネス用語について、日常的になじみのある事柄にたとえて解説してください。

AI

もちろんです。「デジタルトランスフォーメーション」とは、ビジネスや組織がテクノロジーやデジタルツールを活用して、従来のビジネスプロセスや運営方法を革新する取り組みのことを指します。これを日常的な事例に例えてみましょう。

想像してみてください。あなたが古い家に住んでいて、家の中の設備や構造が古くて使いづらい状態です。あなたはこの古い家をモダンで効率的な住まいに変えたいと考えています。このときのプロジェクトが「デジタルトランスフォーメーション」に似ています。

1.スマートホーム化: まず、新しい電化製品やスマートデバイスを導入します。センサーがついた照明や温度制御装置、セキュリティシステムなどを使って、家の中の環境やセキュリティをリモートで管理できるようになります。これはビジネスでのデジタルトランスフォーメーションにおけるテクノロジーの導入に例えられます。

2.プロセスの最適化: 家の中の動線や収納方法を見直し、効率的な配置に改善します。例えば、キッチンやリビングルームの配置を変えて、移動がスムーズになったり、使いやすい収納スペースを作ったりします。これはビジネスにおいても、古いプロセスを見直して合理化し、効率的な方法に改善することに通じます。　(後略)

CHAPTER 4

18 会社の朝礼で話す1分スピーチの内容を作る

スピーチの時期や内容などに応じて作成

朝礼に限らず、スピーチは事前の準備が重要ですが、話す内容を自分で考えるのは意外と大変です。ChatGPTは、**スピーチの目的、場所、時期、内容などを指示するだけで原稿を作成してくれます**。なお、スピーチで話す速度は、1分あたり300文字程度が適切とされています。出力された文章量が多すぎたり短すぎたりする場合は、この基準を目安に「もう少し長く・短く」のように指示して調整しましょう。

TJ

あなたは最高のスピーチライターです。会社の朝礼で話すスピーチを作成してください。

条件
・会社で同じ部署の同僚を前にしゃべる
・テーマは「自分にとっての仕事」
・仕事での頑張りや、そこでの出会いにより人生に良い影響が出てくるという話にする
・エピソードを必ず含める
・時期は9月の連休前
・時間は1分程度

AI

皆さん、おはようございます！

今日は皆さんと共に素晴らしい瞬間を分かち合えることを心から楽しみにしています。この短い時間で、私の仕事に対する考えや経験をお話しできればと思います。

私にとっての仕事は、ただ単に職務を果たすだけではなく、成長し、学び、人々との繋がりを築く大きな場所です。数年前、私はこの素晴らしいチームに加わる機会を得ました。

（後略）

19 新製品の広告に使うコピーを書く

詳細な指示でさらに高品質に

商品のキャッチコピーを作成する場合は、商品名や特徴、文字数などに加え、「比喩的表現を使う」など、表現方法を詳細に指示するのがポイントです。

TJ

あなたは一流のコピーライターです。以下の新製品の特徴や条件をふまえ、キャッチコピーを20個作成してください。

#商品名
炊飯器A

#商品の特徴
この炊飯器は、特許を取得した独自技術により炊きムラを抑え、お米の一粒一粒をふっくらモチモチに炊き上げます。玄米や雑穀米メニューにも対応し、最大60通りの炊き方があるので、お好みの食感を手軽に楽しめます。

#アピールポイント
ふっくらモチモチの炊き上がり

#商品ターゲット
美味しいお米が好きな人

#条件
・20文字以内
・ターゲットに関連する内容をキャッチコピーに使う
・キャッチコピーに商品名は入れない
・見た人の想像力を掻き立てる表現を使う
・比喩的表現を効果的に使う
・耳に残る印象的なフレーズを用いる

（回答略）

20 文章を校正して同時に修正箇所を挙げる

修正理由を解説してもらうと学びにもつながる

文章の表現に誤りや問題点がないか心配な場合は、チェックしたい文章を貼り付けて指示すれば、ChatGPTに校正してもらうことができます。この際に、**修正箇所のリストアップや修正理由の解説を指示しておくと、問題点を把握しながら正しい文章表現を学ぶことにもつながります**。

TJ

以下の文章を校正してください。誤字・脱字、表現の間違った箇所があれば修正し、修正箇所と修正理由をリストアップしてください。

近年、多くのラーメン店が、顧客が自分好みの味わいを選べるように、トップング、スープの濃さ、麺の硬さなどの要素をカスタマイズできるメニューを導入しています。また、地産致傷や季節に合った食材の活用が顕著です。地域の特産品を取り入れたラーメンや、瞬の食材を使用した季節限定メニューが登場しています。これにより、食材の鮮度や風味を最大限に引き出し、食通たちに新たな味わいを提供しています。さらに、SDgsへの取り組みも進んでいます。環境に配慮した容器や包材の導入、食材の無駄を減らす工夫などが見られます。

AI

以下が修正された文章です。修正箇所と修正理由も併記しています。

近年、多くのラーメン店が、顧客が自分好みの味わいを選べるように、トッピング、スープの濃さ、麺の硬さなどの要素をカスタマイズできるメニューを導入しています。また、地産地消や季節に合った食材の活用が顕著です。地域の特産品を取り入れたラーメンや、旬の食材を使用した季節限定メニューが登場しています。これにより、食材の鮮度や風味を最大限に引き出し、食通たちに新たな味わいを提供しています。さらに、SDGsへの取り組みも進んでいます。環境に配慮した容器や包材の導入、食材の無駄を減らす工夫などが見られます。 （後略）

21 文章に付ける見出しを作成する

ニュアンスのわかる例を入れて指示する

文章を読み取り、それに適した見出しを付けたいときは、文章を貼り付けて、作成する見出しの候補数や文字数を指示します。また、見出しの方向性やニュアンスを指示したい場合は、ほかの文章などの見出しを例として貼り付けます。

TJ

以下の文章に付ける印象的な見出しの候補を15個考えてください。見出しの文字数は20文字程度でお願いします。なお、見出しの雰囲気やニュアンスは、例を参考にしてください。

#例
・青い海と白い砂、究極のリラクゼーション
・大自然の膝上で、アウトドアライフを満喫
・デジタルの魔法、AIが紡ぐ現代の物語

季節が移り変わる中、風情ある秋がやってきました。その中でも、秋の味覚は私たちの舌を楽しませ、心を満たしてくれる特別な存在です。色とりどりの野菜や果物が実り、新たな風味を持った料理がテーブルに並びます。秋の味覚は、その季節ならではの魅力を感じることができる素晴らしいものです。まず、秋といえば収穫の季節。田畑からは、豊かな収穫物が収められます。かぼちゃ、サツマイモ、栗など、秋に旬を迎える野菜たちは、その土地の恵みを感じさせてくれます。これらを使った料理は、季節感を味わいつつ、栄養も豊富で、体を温めてくれる効果もあります。

AI

1.秋の香り、豊かな味わいが心にほほえみ
2.色とりどりの秋、食卓に鮮やかな彩り
3.収穫祭の舞台、秋の味覚が躍動する
4.秋色の誘惑、旬の恵みが舌を満たす
5.秋の宝石、美味と栄養が宿る秋の野菜たち
6.優雅な秋、秋の味覚で心地よいひとときを

(後略)

22 面倒な日報を簡単に書く【Plus】

「Code Interpreter」で作業を省力化

営業日報などをExcelファイルで作成していて、Excelの操作が面倒に感じる場合、有料プランの**「ChatGPT Plus」で提供されている「Code Interpreter」の機能を使うと作業を大幅に省力化できます**。

手順は、まず日報のテンプレートとなるExcelファイルをアップロードし、プロンプトでセルの定義や入力内容を指示します。すると、所定のセルに情報が書き込まれたExcelファイルがダウンロードできます。プロンプトの書式をスマホやタブレットに保存しておき、移動中に書き込んでおけば、ノートパソコンでささっと日報を作成・送付することが可能です。

TJ

役割
あなたはExcelの扱いが上手な最高のExcel講師です。営業日報作成の省力化に協力してくれます。

指示
テンプレートに「入力内容」を入力してください。

営業日報雛形
テンプレートは「営業日報_2023.xlsx」です。

定義
「日付」：セルB4
「所属」：セルE4
「氏名」：セルE5
「No1」行「訪問時刻」列：セルB8
「No1」行「訪問先」列：セルC8
「No1」行「相手先担当者」列：セルD8
「No1」行「内容」列：セルE8

まず、アップロードしていただいた「営業日報_2023.xlsx」を開いて、指定された内容をテンプレートに入力していきます。

指定された内容に基づいて以下のように入力します：

セルB4に「2023/9/20」
セルE4に「営業第一グループ」
セルE5に「鈴木太郎」
セルB8に「10:30」
セルC8に「株式会社A」
セルD8に「大川仕入部長」
セルE8に「新商品のサンプルをその場で試してもらい、好感触を得られた。発注の方向で検討とのこと。」
以下、No2、No3の行にそれぞれの内容を入力
「内容」のセルについては、テキストが折り返されて全体が表示されるようにします。

これらの手順に従ってファイルを編集します。

Finished working　Show work

指定された内容を「営業日報_2023.xlsx」に入力しました。「内容」のセルにはテキストが折り返されて全体が表示されるように設定しています。

下記のリンクから更新された営業日報をダウンロードできます：

updated_営業日報_2023.xlsx

内容を確認していただき、ご意見やご要望があればお知らせください。

営業日報

日付	2023/9/20		所属	営業第一グループ
			氏名	鈴木太郎

NO.	訪問時刻	訪問先	相手先担当者	内容
1	10:30	株式会社A	大川仕入部長	新商品のサンプルをその場で試してもらい、好感触を得られた。発注の方向で検討とのこと。
2	11:30	株式会社B	木山社長	納入の遅延について謝罪。交渉の結果、新価格を快諾していただけた。
3	13:30	株式会社C	橋本本部長	カバーシートについてのクレームあり。早急に改善することを約束。かなりご立腹。
4	:			

テンプレートのExcelファイルをアップロードし、前ページのようなプロンプトを実行すると、このように必要事項が入力されたファイルがダウンロードできる

CHAPTER 4

23 一人でブレストしてアイデアを練る

無限ブレストでアイデア数珠つなぎ！

ChatGPTはブレインストーミング（集団発想法）の相手としても効果を発揮します。**さまざまな役割や観点を与えることで、自分では思いもよらないようなアイデアを次々と提案してくれます**。ここでは、例として、キッチン用品のアイデアを練る手順を解説します。

TJ

あなたはブレストに参加している優秀な工業デザイナーです。あなたには個性的なアイデアを出す役割が求められています。以下の条件に基づき、キッチン用品の新製品のアイデアを5個考えてください。

#条件
・製品コンセプトは「料理下手でも使いたくなるキッチン用品」
・思いもよらなかった観点から思考する

AI

もちろんです。料理下手でも使いたくなるキッチン用品のアイデアを考えてみました。以下が5つの個性的なアイデアです。

1.「フレーバーウィザード」
コンセプト：料理の際に使いたくなる、簡単ながらも深い味わいを追加するキッチンツール。
アイデア：この製品は、食材をトップダウンから挟んで振るだけで、さまざまな調味料やハーブの微細な粉末が食材に均等に振りかけられる装置です。料理の香りや味わいを素早く向上させるのに役立ちます。 （後略）

人間ではなかなか浮かばない発想でユニークなアイデアが提案されました。ここから実現できそうなアイデアを選び、さらに問題点を指摘してもらいます。この際も、**ChatGPTに具体的な役割と観点を与えるのがポイントです**。

TJ

この中から実現可能なアイデアを2つ選んでください。

AI

もちろんです。提案したアイデアの中から実現可能性の高い2つのアイデアを選びます。

1.「カルクルーガー」
簡単な操作で美しいカットが可能な製品は、料理の楽しみを広げるうえで魅力的です。切り方のガイドと安全性を考慮した設計ができれば、市場で受け入れられる可能性が高いでしょう。 (後略)

TJ

あなたはマーケティングのプロです。目標売上の観点から、反対意見を出してください。

AI

もちろん、反対意見を出します。以下は目標売上の観点から考えた反対意見です。

1.「カルクルーガー」に対する反対意見：
調理中にカットすることは確かに重要ですが、すでに刃物や包丁の技術向上を図るツールが市場に存在します。新たな切り方のガイドを導入することで、料理初心者や簡単な調理を好む層には需要があるかもしれませんが、より経験豊富な料理愛好家には必要性が限定的かもしれません。競合製品の優れたカット技術に対抗するためには、独自の利点や革新的なデザインが必要です。 (後略)

マーケティング担当者の観点から、アイデア実現の問題点が指摘されました。このように、次々と**役割と観点を与えることで、アイデアを多角的に検証できます**。さらに議論を進める場合は、「あなたは社会活動家です。社会的意義の見地から反対意見に反論し、これらのアイデアに賛同してください」のように指示を与えれば、アイデア賛成の立場から反論させることができます。

CHAPTER 4

24 斬新なアイデアの企画書を作る

うるさい上司も納得の企画書に仕上げる

ChatGPTはできるだけ平均的な回答を作成しようとするため、斬新なアイデアを出すのは、本来ChatGPTが得意とする作業ではありません。しかし、「画期的」「斬新な」といったキーワードを含めることで、やや新しめのアイデアが得られます。その際、**斬新さを強調する指示を入れるのがポイント**です。また、企画書作成の際は方向性や狙いを指示すると、まとまりのある内容に仕上がります。

TJ

あなたは優秀なプロダクトマネージャーです。画期的で誰もが食べたくなる斬新なチョコレートの新商品のアイデアを５つ考えてください。

AI

もちろんです、以下に画期的な新しいチョコレート商品のアイデアを5つ提案いたします。

1.フレーバーフュージョンチョコレートバー：
異なる文化の伝統的な風味を組み合わせたチョコレートバー。例えば、日本の抹茶とベルギーのダークチョコレートを融合させたり、メキシコのチリとスイスのミルクチョコレートを組み合わせたりします。これにより、新しい味わいのチョコレートが生まれ、食べる人々に驚きと興奮を提供します。

2.インフューズドフルーツトリュフ：
ヘルシーなイメージを持つフルーツを活用し、トリュフの中にフルーツのエッセンスを染み込ませる。例えば、アサイーベリーやゴジベリー、マンゴーなど。これにより、甘さとフルーティな風味が絶妙に調和した贅沢なトリュフが生まれます。

3.アートデコチョコレートタブレット：
チョコレートを美しいアートデコ調のパターンでデザインしたタブレット。カラフルな食用色素を使用し、幾何学模様や抽象的なデザインを施すことで、視覚的にも楽しめるチョコレートを提供します。

（後略）

アイデアを提案してもらったら、採用するアイデアを選んで企画書を作成してもらいます。この例では、うるさい社長を説き伏せるだけの質の高い内容を狙っています。

TJ

2の商品の企画書が必要です。社長も納得する詳細かつ説得力のある企画書を作成してください。

AI

もちろんです。以下に、提案した「インフューズドフルーツトリュフ」の詳細な企画書の例を示します。この企画書は、新商品の魅力、市場の需要、競合分析、生産プロセス、販売戦略などを詳細に説明しています。

インフューズドフルーツトリュフ 新商品企画書

1. 概要
新商品名: インフューズドフルーツトリュフ
商品カテゴリー : プレミアムチョコレート
ターゲット市場: フードエンスージアスト、健康志向の消費者、ギフト市場

2. 商品の特徴と魅力
「インフューズドフルーツトリュフ」は、ヘルシーなフルーツのエッセンスを贅沢に楽しめるプレミアムチョコレートです。以下の特徴により、消費者に魅力的な体験を提供します。

·フルーティな風味: ヘルシーなフルーツ(アサイーベリーやゴジベリー、マンゴーなど)のエッセンスをトリュフに染み込ませ、フルーティな風味を楽しめます。
·ヘルシー志向: 健康に気を使う消費者にも適したオプションであり、天然のフルーツエッセンスが加わることで、風味を楽しみながらヘルシーな選択肢を提供します。
· 贈り物に最適: 美しいパッケージと高級感あるトリュフは、贈り物としても喜ばれるアイテムです。

3. 市場の需要
健康志向の消費者が増える中で、自然な風味やヘルシーな材料に対する需要が高まっています。プレミアムなチョコレート市場も成長しており、新たな風味体験を求める消費者の需要に応えるポテンシャルがあります。 (後略)

さらに斬新なアイデアが欲しいときは、「チョコレートと縁遠いものを組み合わせて」「果物とハーブを除外して」などと制限を加えます。

CHAPTER 4

25 ごく簡単な方法で詳しく企業分析を行う

Bing AIに聞けば最新情報がわかる

投資や就職活動などで企業の情報を集めたいとき、まずは検索して、いろいろなサイトから情報を得ることが多いでしょう。**文章生成AIは、企業情報の収集にも利用できます**。完全な情報が得られるわけではありませんが、最初の手がかりとしては役に立つはずです。ただし、ChatGPTでは情報が古すぎることがあるので、Bing AIなど最新情報を検索できるサービスを利用するのがおすすめです。ここでは、Bing AIの「より創造的に」スタイルを選択します。

TJ

```
# 役割
あなたは最高のスキルを持った企業分析アナリストです。

# 指示·命令
以下の「出力形式」にしたがって、{company}の企業分析をしてください。

# 目的
{company}に投資すべきかどうかを知りたいのです。

# 出力形式
·現状分析：
·課題：
·対象顧客：
·代表的な製品：

# 変数
{company} = "宝島社"

# 出力
```

こんにちは、これはBingです。企業分析のお手伝いをいたします。

{company}の企業分析を以下の出力形式に沿って行います。

・現状分析：
{company}は、1971年に設立された出版社で、雑誌や書籍、ムック本などを主に刊行しています。特にブランドムックシリーズは、有名ブランドのグッズが付録となっており、累計4100万部もの売り上げを達成しています。また、『このミステリーがすごい！』大賞などの新人賞を主催しており、新しい才能の発掘にも貢献しています。2019年8月期の売上高は232億円で、前年同期比で4.5%減少しました。雑誌事業が売上高の約半分を占めており、特に女性向けファッション誌が強みです。書籍事業やムック本事業も安定的に推移しています。

・課題：
{company}は、出版業界全体の市場縮小や競争激化に対応するために、デジタル化や多角化を進めています。しかし、デジタル化には多大な投資や技術開発が必要であり、その費用対効果やROI（Return On Investment）が不透明な点が課題となっています。また、多角化においても、自社IPのメディアミックス展開や海外市場への進出には多くのリスクや障壁が存在します。さらに、新型コロナウイルス感染症の影響で、雑誌や書籍の販売が減少し、広告収入も減少しており、収益構造の改善が急務です。

・対象顧客：
{company}は、幅広い年齢層や趣味嗜好の顧客に対して多様なコンテンツを提供しています。雑誌事業では、女性向けファッション誌やライフスタイル誌を中心に展開しており、特に10代から30代の女性に支持されています。書籍事業では、文芸からノンフィクション、ビジネスから趣味まで様々なジャンルの書籍を刊行しており、幅広い読者層に訴求しています。ムック本事業では、ブランドムックシリーズをはじめとする付録付きムック本やホビー関連ムック本などを発行しており、主に20代から40代の女性や男性に人気です。　(後略)

「出力形式」を「代表的な製品の所属するジャンル」「代表的な製品の持つメリット」「競合する製品」「競合する製品との差別化ポイント」などに入れ替えると、さらに詳しい分析が可能です。

また、宝島社以外の情報を知りたいときは、プロンプトの「宝島社」のところを書き換えます。上場企業なら詳しい情報が得られる一方で、上場企業以外でもネット情報をベースに分析できるのが特徴です。

プロンプトの作成には、馬田隆明『解像度を上げる』（英治出版）P.42を参照した

26 事業のコンセプトを簡単に分析する

分析方法を先に提示しておく

ビジネスの分析においては、名前が付いている有名な手法を使うことが多いでしょうが、オリジナルの分析方法など生成AIに知識がない手法を使いたいときは、**まず分析方法を説明し、その後に分析対象を与えるとうまくいく可能性が上がります**。

ここでも前節と同様、最新情報を参照するため、Bing AIの「創造的に」スタイルを利用します。

TJ

\# 役割
あなたは、最高のビジネスストラテジストです。

\# 指示・命令
次の構造で「事業コンセプト」というキーワードを理解してください。
{company}の{product}をこの事業コンセプトに沿って分析してください。

\# 条件
- 事業コンセプトは「狙うべき市場ニーズ」と「事業モデル」の掛け算である
- 市場ニーズでは、次の3つを検討し、どのようなニーズを狙うのかをはっきりさせる
 1.「どのようなセグメントに分かれ、どのような動きがあるか」
 2.「時代的に留意すべきことはあるか」
 3.「具体的にどの市場ニーズを狙うべきか」
- 事業モデルでは、次の3つを検討し、どのような事業の仕組みを採用するかをはっきりさせる
 1.「バリューチェーン上の立ち位置はどこにおくのか」
 2.「どこで顧客を引き寄せるか」
 3.「どこで儲けるのか（収益の源泉はどこか）」

\# 変数
{company} = “宝島社”

{product} =“ブランドムックシリーズ”

こんにちは、このはBingです。あなたのビジネスストラテジーのスキルを試すために、事業コンセプトというキーワードを理解してください。事業コンセプトとは、狙うべき市場ニーズと事業モデルの掛け算であると定義されます。市場ニーズとは、顧客が抱える問題や欲求を満たすために必要なものです。事業モデルとは、市場ニーズを満たすために提供する価値や収益の仕組みです。

宝島社のブランドムックシリーズは、人気ブランドのオリジナルグッズが付録になった雑誌です。この製品を事業コンセプトに沿って分析してみましょう。

市場ニーズ
- ブランドムックシリーズが狙う市場ニーズは、**ファッションやライフスタイルに関心が高い女性**です。このニーズは、以下のようなセグメントや時代的な背景によって生まれています。
  - セグメント
    - **若い女性**：流行やトレンドに敏感で、自分の好きなブランドやキャラクターを身につけることで自己表現をしたい人は、ブランドムックシリーズの付録に魅力を感じるでしょう。また、手頃な価格で高品質なグッズを手に入れることができる点も魅力的です。
    - **働く女性**:忙しい日常の中で、自分へのご褒美や癒しを求める人は、ブランドムックシリーズの付録に魅力を感じるでしょう。また、オフィスや自宅で使える便利なグッズやインテリアアイテムなども多く提供されています。
  - 時代的背景
    - **消費者の多様化**：消費者の嗜好や価値観は多様化しており、一般的な雑誌では満足できない人も増えています。特に女性は、自分の好みやライフスタイルに合った情報や商品を求めています。
    - **SNSの影響力**：SNSでは、ブランドムックシリーズの付録を使ったコーディネートやインスタ映えする写真が多く投稿されており、話題や注目を集めています。特にインフルエンサーや有名人が紹介すると、その影響力は大きくなります。

事業モデル
- ブランドムックシリーズの事業モデルは、以下のような要素から構成されています。
  - バリューチェーン上の立ち位置　（後略）

このように、分析に使用するモデルがはっきり説明できるレベルのものであれば、回答の品質もある程度確保できるようです。

27 英語の論文の内容を要約する【Plus】

PDFを読み込んで日本語で要約してくれる

それなりに語学力がある人でも、英語論文を読んで日本語の要約を作るのは非常に骨の折れる作業です。しかし、有料プランの「ChatGPT Plus」なら、「Code Interpreter」機能で簡単に要約を作れます。**GPT-4で論文のPDFをアップロードして指示を与えれば、抜粋から要約まで日本語で出力してくれます**。まず論文のPDFをアップロードして、プロンプトを入力します。

TJ このPDFを読み込んで内容を要約してください。

AI 了解しました。まず、アップロードされたPDFファイルの内容を読み込んで確認します。その後、要約を行います。

Finished working Show work

このPDFは「医学における画像解析と人工知能の利用」に関するドキュメントのようです。以下は、PDFの最初の部分からの抜粋です：

・タイトル: Utilization of Image Analysis and Artificial Intelligence in Medicine
・アブストラクト: 人工知能(AI)の医療画像への統合は、診断手順を変革し、精度と効率を向上させています。この論文では、医学におけるAI駆動の画像解析の役割、利点、および課題について詳述します。 (中略)

この内容を基に、全文の要約を試みます。ただし、この要約は完全なものではないかもしれませんが、文書の大まかな内容を捉えるのに役立つでしょう。

Finished working Show work

以下は、提供されたPDFの内容の要約です： (後略)

CHAPTER

5

Microsoft Officeと連携する

01 ChatGPTでExcel作業を10倍簡単にする

どの関数を使えばいいかたずねる

Excelを使いこなすには、関数の知識が必要です。しかし、膨大な数がある関数をすべてマスターするのは非常に難しいでしょう。そこでChatGPTの出番です。**Excelでやりたいことを ChatGPTに伝えれば、最適な関数と数式をすぐに答えてくれます**。

TJ

Excelでシートの D列に「合格」と入力されているセルの数をカウントする関数の書き方を教えてください。

AI

Excelで「合格」と入力されているセルの数をカウントするためには、COUNTIF関数を使用します。COUNTIF関数は、指定した範囲内に特定の条件に一致するセルの数をカウントするのに適しています。

以下は、D列に「合格」と入力されているセルの数をカウントするCOUNTIF関数の書き方です：

```
=COUNTIF(D:D, "合格")
```

この関数は、D列全体 (D:D) に対して「合格」というテキストが含まれているセルの数をカウントします。この数が関数の結果として表示されます。

関数を使用するには、以下の手順に従ってください：

1. Excelのセルに関数を入力したい場所を選択します。
2. セルの入力バーに上記の関数を入力します。
3. Enterキーを押すか、セルの外をクリックすると、関数の結果が表示されます。

これにより、D列に「合格」と入力されているセルの数がカウントされます。

やりたい操作をベースに質問する

Excelには効率的に使うための便利な操作や機能が備わっていますが、その機能を知らなければ意味がありません。そこで、**ChatGPTに自分のやりたい操作をベースに質問するといいでしょう**。より簡単にやりたいことを実現するための操作や機能を教えてくれます。

TJ

Excelで特定のセルの内容を別のシートにコピーする方法を教えてください。

AI

Excelで特定のセルの内容を別のシートにコピーする方法は、以下の手順に従って行います。以下の例では、"Sheet1"のA1セルの内容を"Sheet2"のB1セルにコピーする例を示します。

1. Excelを開いて、対象のワークブックを開きます。

2. "Sheet1"に移動します。

3. A1セルの内容を選択します。

4. Ctrl+Cキー（または右クリックしてコピー）を押して、セルの内容をコピーします。

5. "Sheet2"に移動します。

6. B1セルを選択します。

7. Ctrl+Vキー（または右クリックして貼り付け）を押して、コピーした内容をB1セルに貼り付けます。

これで、"Sheet1"のA1セルの内容が"Sheet2"のB1セルにコピーされました。

もしVBA（Visual Basic for Applications）を使って自動化したい場合は、以下のようなマクロを作成することもできます。

（後略）

複雑な数式の内容を説明してもらう

ほかの人が作成したブックを修正する場合、入力されている数式が複雑すぎて読み解けないことがあります。このようなときは、**ChatGPTに数式を伝えると、どのような機能を持つ数式なのかを答えてくれます**。また、誤りがある場合は併せて指摘してくれるのですぐに修正が可能です。

TJ

次の数式の意味を説明してください。
=AVERAGE(A2:A100) & " / " & STDEV.S(A2:A100) & " / " & MEDIAN(A2:A100)

AI

この数式は、エクセルの関数を用いて、A2セルからA100セルまでの数値のリストに対して3つの統計的な計算を行うためのものです。それぞれの計算の意味は以下の通りです：

1. 平均値 (AVERAGE):
=AVERAGE(A2:A100)
この部分は、A2セルからA100セルまでの数値の平均値を計算します。平均値は、合計値をデータの個数で割った値であり、データの中心的な傾向を表す指標です。

2. 標準偏差 (STDEV.S):
=STDEV.S(A2:A100)
この部分は、A2セルからA100セルまでの数値の標準偏差を計算します。標準偏差は、データの散らばり具合を示す指標であり、平均値からのばらつきの程度を表します。

3. 中央値 (MEDIAN):
=MEDIAN(A2:A100)
この部分は、A2セルからA100セルまでの数値の中央値を計算します。中央値は、データを昇順（または降順）に並べた際に中央に位置する値であり、外れ値の影響を受けにくい統計的な指標です。

これらの計算結果は、"/" で区切られて一つのテキスト文字列として結合されます。つまり、エクセルのセルにこの数式を入力すると、平均値、標準偏差、および中央値が1つのセルに表示されることになります。例えば、"25.5 / 10.2 / 23" のような結果が得られるかもしれません（これは仮の例です）。

より適切な関数を探してもらう

1つの数式にやりたいことを盛り込んでいくと、読み解くのが困難になるほど複雑になってしまいます。このような場合は、もっとシンプルにできる関数がないかを確認することが重要です。**見やすい数式に変更しておけば、引き継ぎなどがあった場合でもスムーズに受け渡せます**。

TJ

B列にある値に基づいて、A列から対応する値を検索しようとしています。現在は次の数式を使っていますが、これよりも適切な関数に変更して同じ結果が出るように修正してください。
=VLOOKUP(B2, A1:B100, 1, FALSE)

AI

与えられた数式は、ExcelのVLOOKUP関数を使用しています。同じ結果を得るために、より適切な関数としてはINDEXとMATCH関数の組み合わせを使用することができます。INDEXとMATCHを組み合わせると、より柔軟な検索が可能になります。

以下が修正した数式です。

```
=INDEX(A1:A100, MATCH(B2, B1:B100, 0))
```

この数式は、B2の値がB列のどこに一致するかをMATCH関数で検索し、そのインデックスを使ってA列の対応する値をINDEX関数で取得します。VLOOKUP関数よりも柔軟で効率的な方法となります。なお、MATCH関数の最後の引数が0であることに注意してください。これは完全一致を意味します。VLOOKUP関数で使用したFALSEと同じ役割を果たします。

COLUMN

Excel の Tips を調べる

Excelでは多くのショートカットキーなどが用意されていますが、使いたいときにど忘れしてしまうことがあります。こんなときは「ExcelのTipsを教えてください」と質問してみましょう。Excelで代表的なTipsを回答してくれます。

長い数式を読みやすくする

複数の関数を含んでいる数式や入れ子構造の数式は、適宜インデントや改行を入れておくとわかりやすくなります。しかし、この作業は面倒ですし、人の手だと誤った場所を修正しかねません。このような作業はChatGPTに任せてしまえば、楽で的確に読みやすく修正してくれます。

TJ

次の数式に適宜改行やインデントを入れて、読みやすくしてください。
=IF(AND(A2<>"", A2<>B2, COUNTIF(A:A, A2)=1), "Unique", "Not Unique")

AI

以下に数式を改行やインデントを加えて読みやすく整形します。

```
=IF(
  AND(
    A2<>"",
    A2<>B2,
    COUNTIF(A:A, A2)=1
  ),
  "Unique",
  "Not Unique"
)
```

このように、関数や条件が複雑な場合は、適切なインデントや改行を使ってコードを整形することで、読みやすくなります。

COLUMN

計算結果は必ず人の目で確認する

ChatGPTは非常に優秀ですが、間違った結果を出す可能性がゼロではありません。そのため、ChatGPTを過信せずに、怪しいと思った場合は計算結果を人の目で確認するようにしたほうがいいでしょう。また、もともとあるファイルに直接追記していくと、ファイルをもとに戻せなくなることもあるので、作業する場合はもとのファイルをバックアップしたうえで作業を行ったほうが安全です。

表にしたいデータを渡して表を作成する

揃っているデータを表にするには、ChatGPTにデータを渡して作成してもらうのが最も効率的な方法です。作成した表はそのままExcelにコピペできるので、あっという間にExcelの表が完成します。

TJ

次のデータを総合点の順番でテーブル形式でまとめてください。
・山本：数学80点、英語76点
・五十嵐：数学65点、英語82点
・市川：数学88点、英語57点

AI

以下が総合点の順番でまとめたテーブル形式のデータです。

名前	数学点	英語点	総合点
山本	80	76	156
五十嵐	65	82	147
市川	88	57	145

総合点は各人の数学点と英語点を合計して算出されています。

データがない場合でも、作りたい表を伝えればテンプレートを作ることも可能です。ただし、GPT-3.5では、あまり使いやすいテンプレートは作ってくれません。GPT-4だと、やや高品質なものになりますが、実務に使うためには、単純に「テンプレートを作って」という曖昧なプロンプトを入力するのではなく、どういう表にしたいのかを詳しくChatGPTに伝える必要があります。

なお、この使い方を実際に試す際には、名前やそのほかの情報を変更するなどして、プロンプトに個人情報を含めないように注意してください。

サンプルのデータを作成してもらう

作業を進めるにあたって、適当なデータを試しに用意したいことがあります。この場合もChatGPTにどのようなサンプルデータが欲しいかを伝えれば、すぐにサンプルデータを作成してくれます。

TJ

次の項目を入れた10件のサンプルデータを表形式で作成してください。
・名前
・性別
・年齢
・住所（番地まで）

AI

以下は、名前、性別、年齢、住所（番地まで）の項目を含む10件のサンプルデータの表形式です。

名前	性別	年齢	総合点
山田太郎	男性	28	東京都渋谷区1-2-3
田中花子	女性	42	大阪府大阪市4-5-6
佐藤健太	男性	35	北海道札幌市7-8-9
鈴木美咲	女性	22	神奈川県横浜市10-11-12
伊藤隆司	男性	50	愛知県名古屋市13-14-15
中村さくら	女性	31	福岡県福岡市16-17-18
小林雅彦	男性	45	京都府京都市19-20-21
高田みさき	女性	29	千葉県千葉市22-23-24
岡田拓海	男性	27	石川県金沢市25-26-27
野口綾乃	女性	38	宮城県仙台市28-29-30

これで、10件のサンプルデータが含まれた表が作成されました。各行が個々のデータを表し、列には名前、性別、年齢、住所（番地まで）の情報が示されています。

どのグラフが最適か提案してもらう

Excelで作成した表をグラフにする場合、どのグラフを選ぶのが最適か悩むことがあります。このようなときは、**表の内容をコピーして、ChatGPTに渡すと最適な表を提案してくれます**。その際にグラフの特徴も問い合わせると、なぜ最適なのかも確認できます。

TJ

次の月間売上表に最適なグラフを3種類提案してください。また、グラフの特徴も教えてください。

支店名	10月	11月	12月	1月	2月	3月
東京	1234	3456	2345	4567	3456	5678
福岡	2345	4567	3456	5678	4567	6789
大阪	3456	5678	4567	6789	5678	7890
札幌	4567	6789	5678	7890	6789	8901

AI

月間売上表のデータを可視化するために最適なグラフを3種類提案します。各グラフの特徴も説明します。

1. 折れ線グラフ:
折れ線グラフは時系列データの変化を表示するのに適しています。各支店の月ごとの売上を線で表現し、時間の経過に伴う売上の変化を視覚的に捉えることができます。折れ線グラフはデータの傾向や周期性を見るのに適しているため、月ごとの売上のトレンドを把握するのに役立ちます。

2. 積み上げ棒グラフ:
積み上げ棒グラフは各支店の月間売上を比較するのに適しています。各支店の売上を棒で表現し、月ごとの売上の合計を積み上げて表示します。これにより、各支店の売上の大小や成長の違いを一目で把握することができます。

3. レーダーチャート:
レーダーチャートは複数のカテゴリの変数を比較するのに適しています。各支店の月間売上をレーダーチャートで表現することで、各支店の強みや弱み、月ごとの売上の特徴を把握することができます。また、複数の支店の売上を一度に比較することで、地域間の違いを可視化することができます。　(後略)

CHAPTER 5

02 ExcelにChatGPTの回答を入力する

Excel Labsをインストールする

「Excel Labs」とは、Microsoftが提供する公式のアドインで、Excelに追加を検討している新機能をテストできるものです。現在、このアドインをインストールすると、**ExcelにChatGPTを組み込める「LABS.GENERATIVEAI関数」が利用できるようになります**。Excel Labsをインストールするには、まずExcelアプリからアドインを追加します。

1 「アドインを入手」を開く

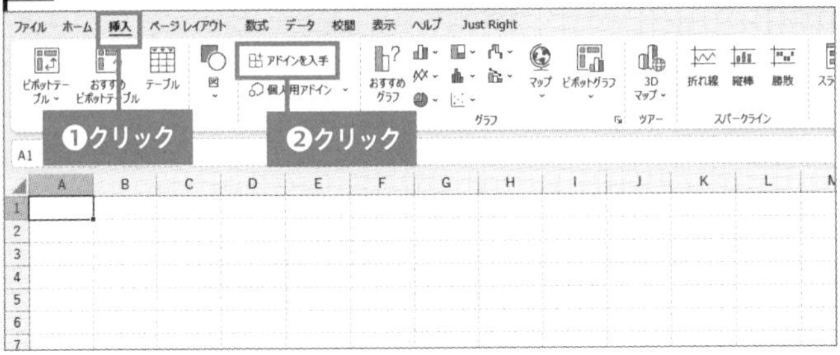

Excelの「挿入」タブを開き、「アドインを入手」(表示されていない場合は「アドイン」グループ→「アドインを入手」)をクリックする。

2 アドインをインストールする

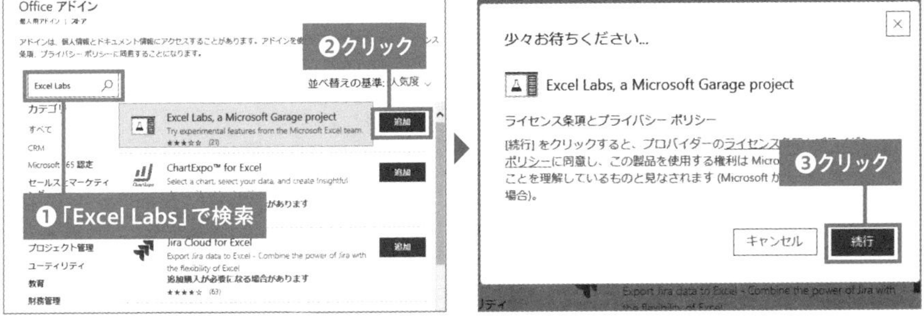

「Officeアドイン」画面が表示されるので、「Excel Labs」で検索する。結果に表示された「Excel Labs」の「追加」をクリック。表示されたダイアログの「続行」をクリックするとインストールされる

APIキーを設定する

Excel LabsからChatGPTを利用できるようにするには、ChatGPTのAPIキーを取得し、Excel Labsに設定します。APIキーとは、そのアプリケーションを利用するための認証キーのことです。なお、**APIキーが漏えいすると、第三者に無断で利用される恐れがある**ので、取り扱いには十分注意しましょう。

1 APIキーを発行する

OpenAIのAPIキー取得ページ（https://platform.openai.com/account/api-keys）にアクセスし、「Create new secret key」をクリックする

2 APIキーをコピーする

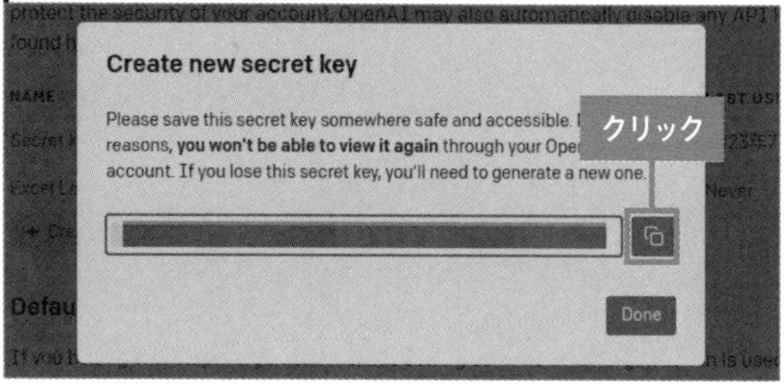

画面の指示にしたがって進めていくと、「new secret key」ダイアログが表示される。コピーボタンをクリックすると、APIキーがコピーされる

3 APIキーを設定する

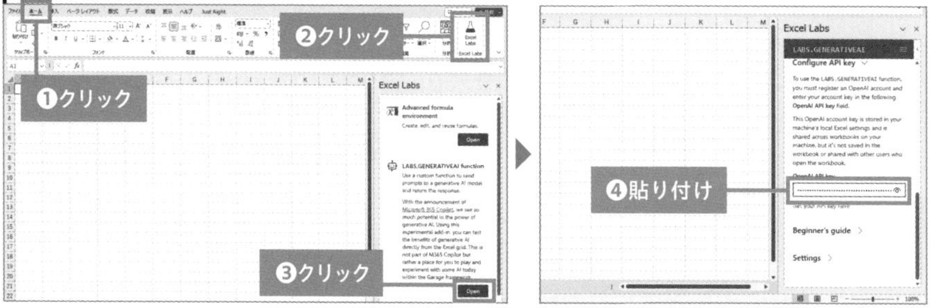

Excelの「ホーム」タブ→「Excel Labs」をクリックする。Excel Labsのサイドバーが開くので、「LABS.GENERATIVE AI function」にある「Open」をクリック。入力欄にAPIキーを貼り付ける。「Saved」と表示されたら初期設定は完了だ

LABS.GENERATIVEAI関数の基本的な使い方

LABS.GENERATIVEAI関数は、入力された内容をChatGPTに送信し、その応答結果を返す関数です。この関数が参照しているセルに質問を書き込めば、指定したセルに回答を表示できるようになります。

1 数式を入力する

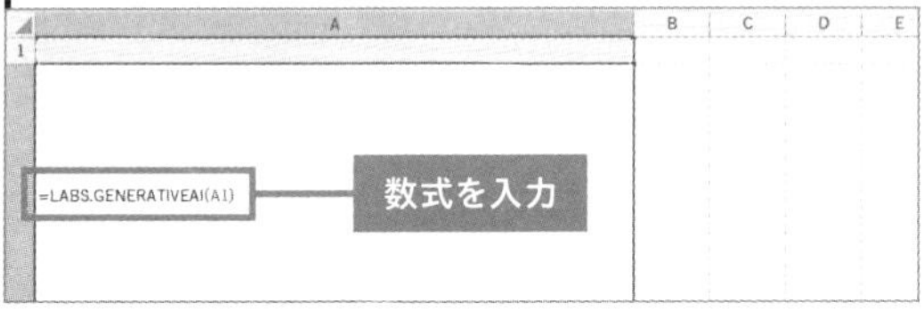
A
B
C
D
E
=LABS.GENERATIVEAI(A1)
数式を入力

ここでは、セルA1に入力した質問の回答をA2セルに表示する数式を作成する。セルA2に「=LABS.GENERATIVEAI(A1)」と入力する

2 質問を入力する

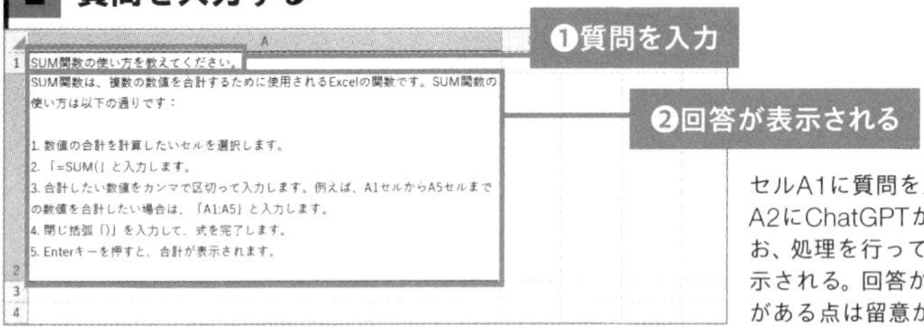
SUM関数の使い方を教えてください。
SUM関数は、複数の数値を合計するために使用されるExcelの関数です。SUM関数の使い方は以下の通りです：
1. 数値の合計を計算したいセルを選択します。
2. 「=SUM(」と入力します。
3. 合計したい数値をカンマで区切って入力します。例えば、A1セルからA5セルまでの数値を合計したい場合は、「A1:A5」と入力します。
4. 閉じ括弧「)」を入力して、式を完了します。
5. Enterキーを押すと、合計が表示されます。
❶質問を入力
❷回答が表示される

セルA1に質問を入力する。少し待つと、セルA2にChatGPTからの回答が表示される。なお、処理を行っている間は「#Bビジー！」と表示される。回答が表示されるまでタイムラグがある点は留意が必要だ

COLUMN

LABS.GENERATIVEAI 関数の引数

LABS.GENERATIVEAI関数には、「Prompt」「Temperature」「Max_tokens」「Model」の4つの引数があり、意味は表のとおりです。この中で必須なのは「Prompt」のみで、あとの引数は任意です。普段使う場合は「Prompt」だけを指定すれば問題ありません。

=LABS.GENERATIVEAI(Prompt, Temperature, Max_tokens, Model)

引数	内容
Prompt	ChatGPTへ渡すプロンプトを入力する。直接入力、または別のセルを参照することができる。数式内にプロンプトを直接入力するときは、その範囲をダブルクォーテーション(")で囲む。
Temperature	生成する回答の一貫性とランダム性を調整する値を0～2の間で指定する。値を低くすると一貫した簡潔な回答を出力し、値を高くすると創造的な回答を生み出す。省略すると、0.5が指定される。
Max_tokens	出力可能なトークン数（文章の文字数）を指定する。日本語の場合、1文字あたり約2トークンとなる。1~4,000程度の間で指定できる。
Model	実行するAIモデルを指定する。省略すると「gpt-3.5-turbo」が指定される。利用できるAiモデルは次のサイトで確認できる。https://learn.microsoft.com/ja-jp/azure/ai-services/openai/concepts/models

直接入力とセル参照を併用する

プロンプトを数式内に直接入力し、一部をセルに入力された内容を参照するようにすると、活用の幅が広がります。ここでは例として、B列のセルに入力されている映画の感想を参照し、C列にポジネガ分析の結果を表示する数式を作ってみましょう。

1 数式を入力する

ここでは、評価を求めるプロンプトをダブルクォーテーション(")で囲って直接入力し、そのあとに感想が入力されたセルを参照して代入するようにする。よって、セルC2をクリックし、「=LABS.GENERATIVEAI("次のコメントについて、「高評価」「普通」「低評価」の3つに分類してください。"&B2)」を入力する

2 結果を確認する

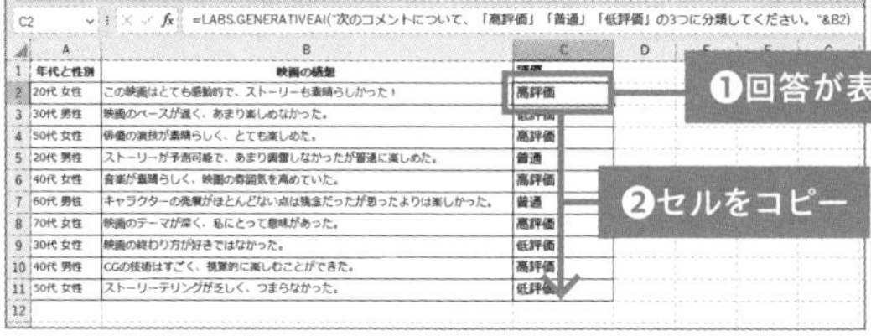

セルC2に分析結果が表示された。あとは、下の行に数式をコピーすれば、すべての行で分析結果が表示される

COLUMN

表示される回答の文字数を増やす

ChatGPTからの回答が途中で切れてしまう場合は、Excel Labsのサイドバーで「Maximum Output Length」を調整し、表示できる文字数を指定します。なお、ここで設定した最大文字数は、すべてのLABS.GENERATIVEAI関数に適用されます。なお、個別に文字数を調整する場合は、引数で「Max_tokens」を指定してください。この場合は引数で指定された文字数が優先されます。

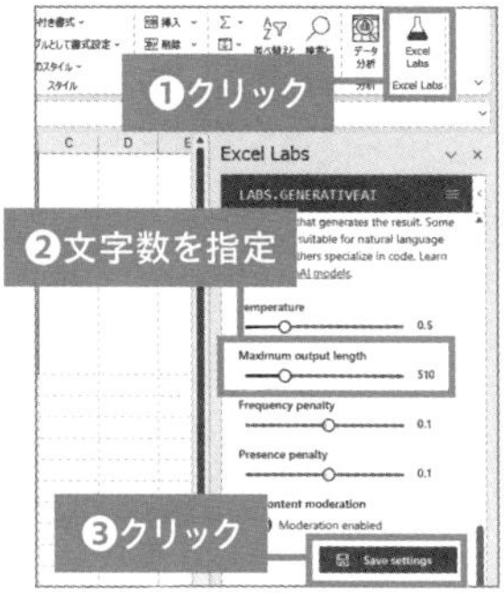

「Excel Labs」をクリックし、「Settings」の中にある「Maximum Output Length」のつまみを調整して最大文字数を指定する。「Save settings」をクリックすると設定が保存される。なお、日本語は設定値2で1文字になる。例えば、日本語を200文字表示したい場合は400を設定する

03 もっと便利にExcelでChatGPTを利用する

ChatGPT for Excelをインストールする

「ChatGPT for Excel」とは、Apps Do Wondersが開発・提供するアドインで、ChatGPTの機能を利用できる関数が使えるようになるものです。**このアドインをインストールすると、現在6種類の関数が利用できます**。このアドインもExcel Labsと同様に、アドインをインストール後にAPIキーを設定すると利用できるようになります。

1 アドインをインストールする

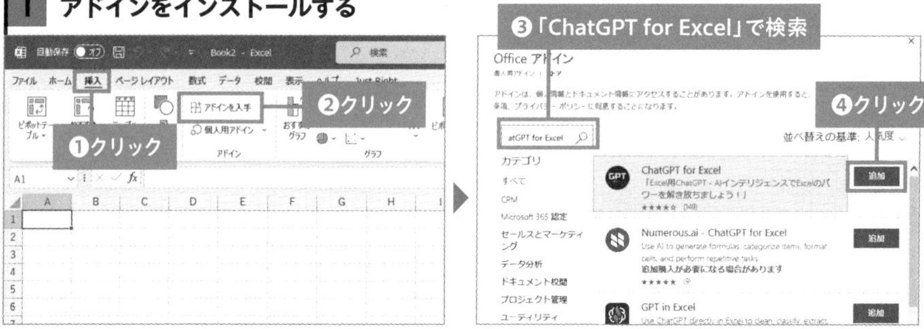

Excelの「挿入」タブを開き、「アドインを入手」をクリック。「Officeアドイン」画面で、「ChatGPT for Excel」で検索し、「追加」をクリックする。表示されたダイアログの「続行」をクリックするとインストールされる

2 APIキーを設定する

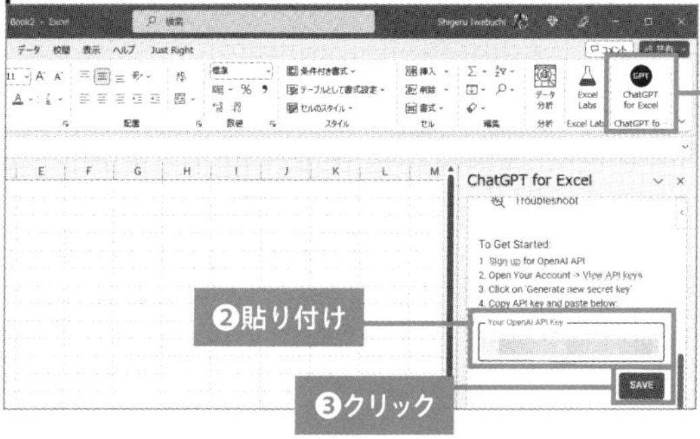

OpenAI社のウェブページでAPIキーを発行し（P.101参照）、Excelの「ホーム」タブで「ChatGPT for Excel」をクリック。ChatGPT for Excelのサイドバーが開くので、入力欄にAPIキーを貼り付けて「SAVE」をクリック

AI.ASK関数やAI.LIST関数を利用する

AI.ASK関数とAI.LIST関数は、引数に質問文を入力することでChatGPTから回答が得られる関数です。**AI.ASK関数は1つの質問に対して1つのセルにすべての回答を表示するのに対し、AI.LIST関数は複数の回答を個別に分けて表示します**。通常はAI.ASK関数で問題ありませんが、回答を個別にコピーして使いたいような場面では、AI.LIST関数を使うと便利でしょう。

1 数式を入力する

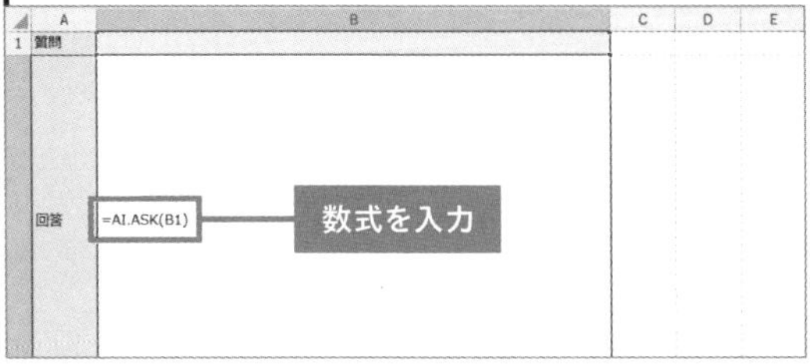
A
B
C
D
E
1 質問
回答
=AI.ASK(B1)
数式を入力

ここでは、セルB1に入力した質問の回答をB2セルに表示する数式を作成する。よって、セルBに「=AI.ASK(B1)」と入力する

2 質問を入力する

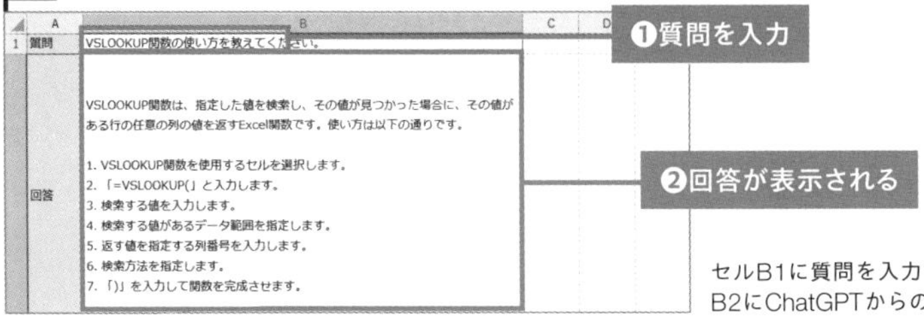
1 質問
VSLOOKUP関数の使い方を教えてください。
❶質問を入力
回答
VSLOOKUP関数は、指定した値を検索し、その値が見つかった場合に、その値がある行の任意の列の値を返すExcel関数です。使い方は以下の通りです。
1. VSLOOKUP関数を使用するセルを選択します。
2. 「=VSLOOKUP(」と入力します。
3. 検索する値を入力します。
4. 検索する値があるデータ範囲を指定します。
5. 返す値を指定する列番号を入力します。
6. 検索方法を指定します。
7. 「)」を入力して関数を完成させます。
❷回答が表示される

セルB1に質問を入力する。少し待つと、セルB2にChatGPTからの回答が表示される

3 AI.LIST関数を使った場合

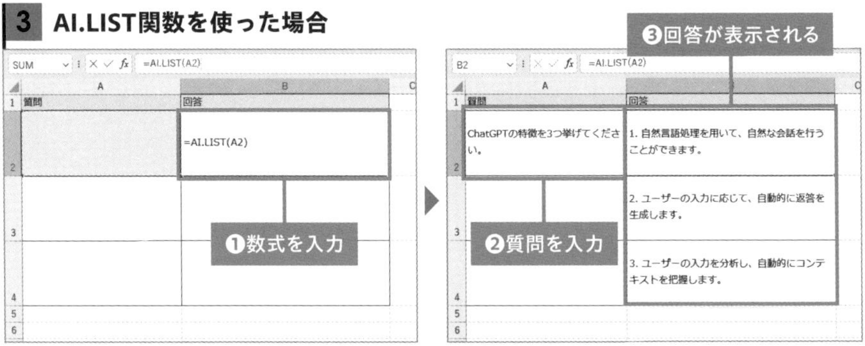
SUM
=AI.LIST(A2)
1 質問
回答
=AI.LIST(A2)
❶数式を入力
B2
=AI.LIST(A2)
❸回答が表示される
1 質問
回答
ChatGPTの特徴を3つ挙げてください。
1. 自然言語処理を用いて、自然な会話を行うことができます。
2. ユーザーの入力に応じて、自動的に返答を生成します。
3. ユーザーの入力を分析し、自動的にコンテキストを把握します。
❷質問を入力

ここでは、セルA2に入力した質問の回答をB列にリスト表示する数式を作成する。よって、セルB2に「=AI.LIST(A2)」と入力する。セルA2に質問を入力すると、B列に回答が個別で表示される

AI.FILL関数を利用する

AI.FILL関数は、入力されているデータから予測値を出力する関数で、書式は「=AI.FILL(サンプルデータ範囲, 予測したいデータ)」です。第1引数に参照するデータの範囲、第2引数に予測したいデータを指定します。たとえば、Excel関数の機能を説明する表の場合、最初の数行に関数と機能説明を入力しておけば、あとはAI.FILL関数で自動的に機能説明を入力することができます。

1 参照する範囲を指定する

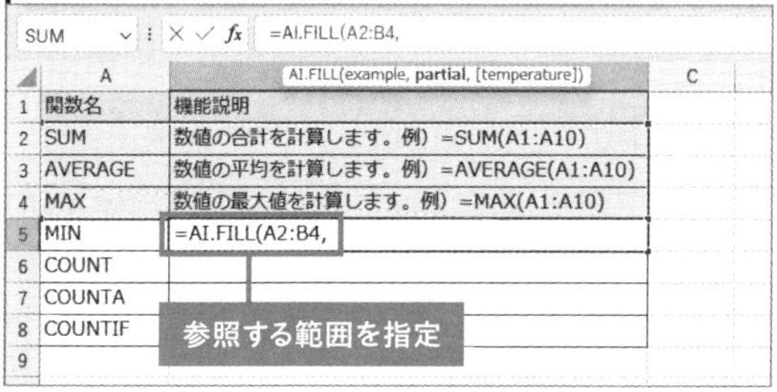

ここでは、A列に関数名、B列に機能説明を入力する表を作成する。4行目まで両方のデータが入力されているので、この範囲を第1引数の範囲として指定する。よって、ここではセルB5に「=AI.FILL(A2:B4,」と入力する

2 予測したいデータを指定する

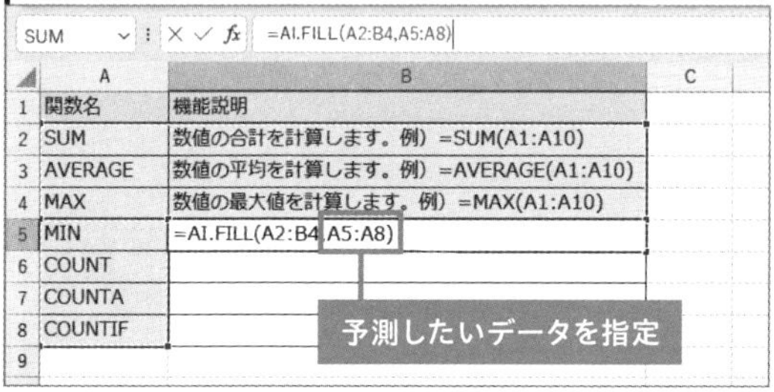

次に第2引数として予測したいデータを指定する。ここでは、機能説明が未入力になっている機能名の範囲を指定するので、A5～A8となる。よって、数式の続きにその範囲を入力する（「=AI.FILL(A2:B4,A5:A8)」）

3 回答が表示される

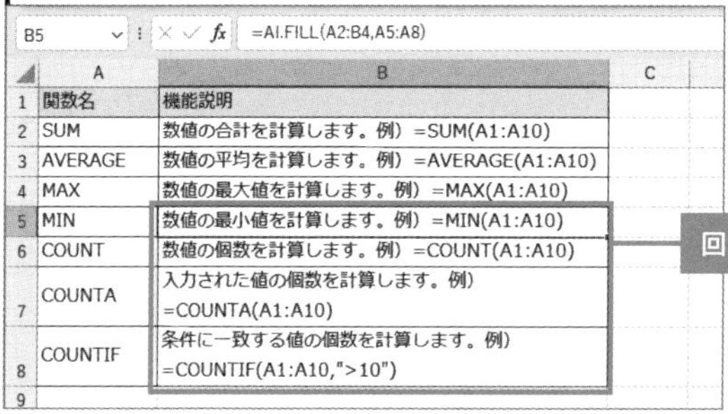

数式を入力してEnterキーを押すと、予測された回答が自動的に入力された

AI.EXTRACT関数を利用する

AI.EXTRACT関数は、テキストから特定のデータのみを抜き出せる関数で、数式は「=AI.EXTRACT(テキスト, 抽出したいデータ)」です。第１引数に抽出対象のテキスト、第２引数に抽出するデータ種類を指定します。たとえば、抽出したいデータ種別でメールアドレスを指定すれば、テキストからメールアドレスだけを抽出するといったことができます。

1 参照するテキストを指定する

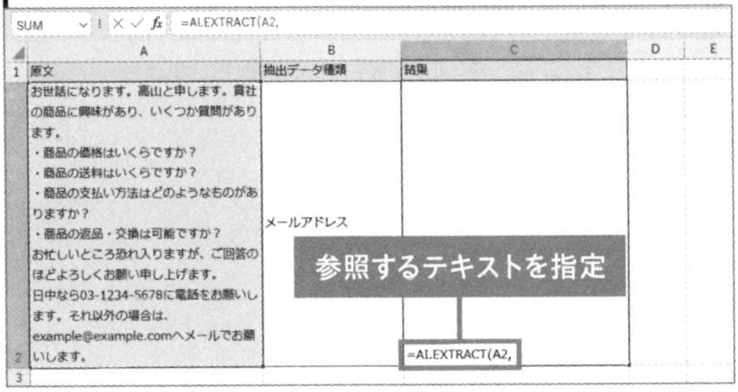
SUM
=AI.EXTRACT(A2,
原文
抽出データ種類
結果
お世話になります。高山と申します。貴社の商品に興味があり、いくつか質問があります。
・商品の価格はいくらですか？
・商品の送料はいくらですか？
・商品の支払い方法はどのようなものがありますか？
・商品の返品・交換は可能ですか？
お忙しいところ恐れ入りますが、ご回答のほどよろしくお願い申し上げます。
日中なら03-1234-5678に電話をお願いします。それ以外の場合は、example@example.comへメールでお願いします。
メールアドレス
参照するテキストを指定
=AI.EXTRACT(A2,

ここでは、セルA2に入力されているメール本文から、メールアドレスだけを抽出する数式を作成する。第1引数で抽出対象のテキストを指定するので、セルC2に「=AI.EXTRACT(A2,」と入力する

2 抽出するデータを指定する

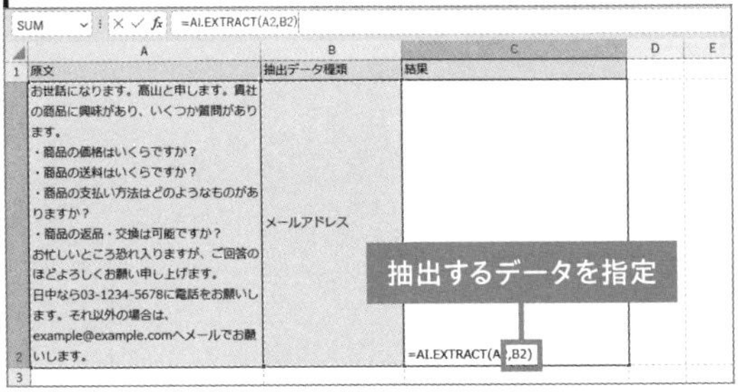
SUM
=AI.EXTRACT(A2,B2)
原文
抽出データ種類
結果
メールアドレス
抽出するデータを指定
=AI.EXTRACT(A2,B2)

第2引数の抽出するデータはセルB2に入力されているので、数式の続きに「B2」を入力する（「=AI.EXTRACT(A2,B2)」）。なお、ここではセルを参照しているが、抽出するデータを直接入力することもできる。この場合は、ダブルクォーテーションで囲んで入力する

3 回答が表示される

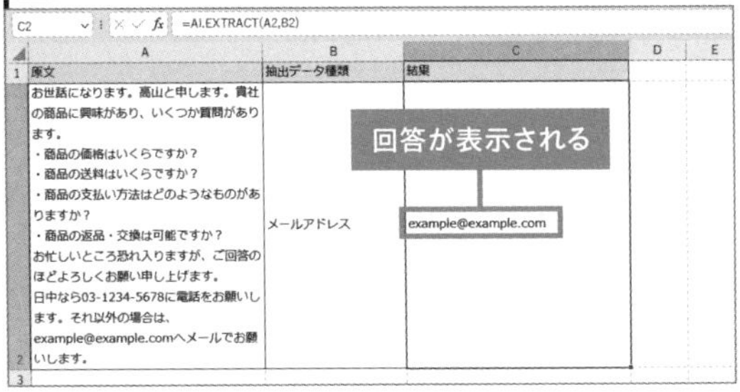
C2
=AI.EXTRACT(A2,B2)
原文
抽出データ種類
結果
メールアドレス
回答が表示される
example@example.com

数式を入力してEnterキーを押すと、テキストからメールアドレスだけが抽出され、セルC2に表示された

AI.FORMAT関数を利用する

AI.FORMAT関数は、テキストを指定したフォーマットで出力する関数で、数式は「=AI.FORMAT(テキスト, 出力したいフォーマット)」です。第1引数に対象のテキスト、第2引数にフォーマットの種類を指定します。たとえば、セルに入力したテキストを、CSV形式（カンマ区切り）で出力することができます。

1 参照するテキストとフォーマットを指定

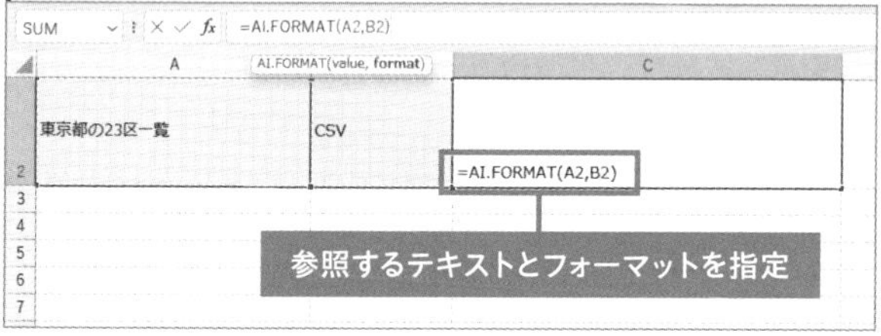

ここでは、セルA2にテキスト、セルB2に出力するフォーマットの種類が入力されており、これらを使ってセルC2に結果を表示する数式を作成する。第1引数でセルA2、第2引数でセルB2を指定するので、セルC2に「=AI.FORMAT(A2,B2)」と入力する

2 回答が表示される

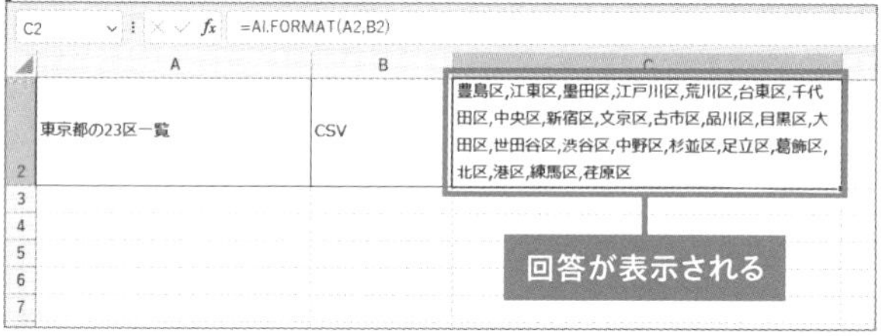

数式を入力してEnterキーを押すと、セルC2にテキストがCSV形式で出力された。なお、出力できる形式にはXML、JSONなどがある

COLUMN

APIの無料枠を使い果たした場合は

正しいAPIキーをセットしているにもかかわらず、結果がエラーとなってしまう場合、APIの無料枠の上限を超えた、または有効期限切れの可能性があります。この場合は、APIの有料プラン（従量課金）の申し込みをしないと利用できませんので注意しましょう。

OpenAIの利用状況確認ページ（https://platform.openai.com/account/usage）を開いて確認する。画像のように「Used」や「Expired」で一杯になっている場合は、無料枠を使い果たしている。継続して使うには、APIの有料プランを契約する必要がある

AI.TRANSLATE関数を利用する

AI.TRANSLATE関数は、テキストを指定した言語で翻訳する関数で、数式は「=AI.TRANSLATE(テキスト, 翻訳する言語)」です。第１引数に対象のテキスト、第２引数に翻訳する言語を指定します。たとえば、セルに入力したテキストを、英語などに翻訳して出力することができます。

1 参照するテキストと言語を指定する

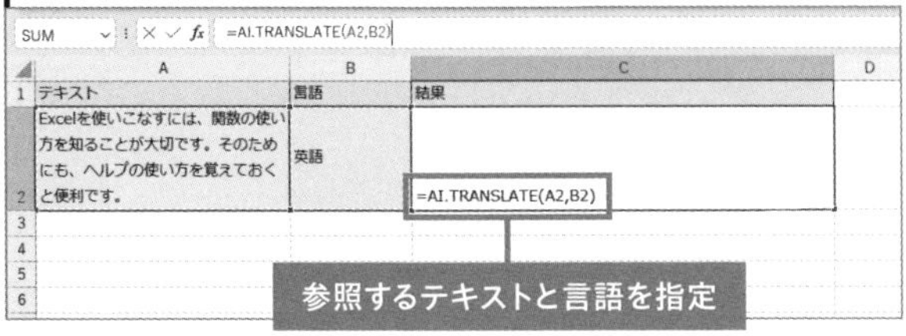

ここでは、セルA2にテキスト、セルB2に翻訳言語が入力されており、これらを使ってセルC2に結果を表示する数式を作成する。第1引数でセルA2、第2引数でB2を指定するので、セルC2に「=AI.TRANSLATE(A2, B2)」と入力する

2 回答が表示される

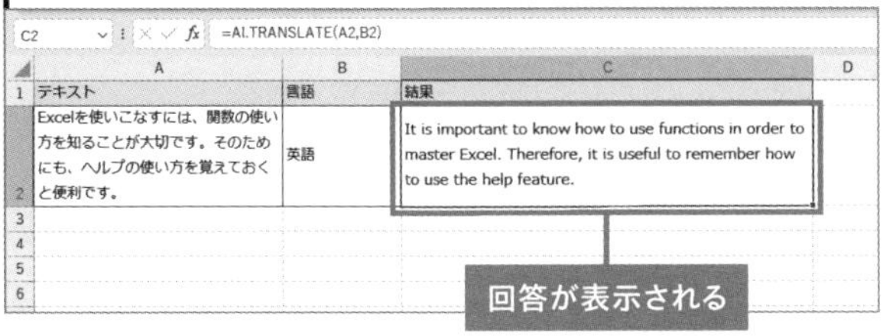

数式を入力してEnterキーを押すと、テキストが指定した言語に翻訳されて出力された。なお、翻訳精度はGPT-3.5のレベルのため、最終的な翻訳チェックは行ったほうがいいだろう

COLUMN

Web版のExcelでアドインを追加するには

一部のアドインはWeb版のExcel（Excel for the web）でも利用可能です。今回紹介したExcel Labs、ChatGPT for Excelは、どちらもウェブ版でも利用できますので、インストールしておくのがおすすめです。なお、インストール後、APIキーの設定などはアプリと同じ手順で操作します。

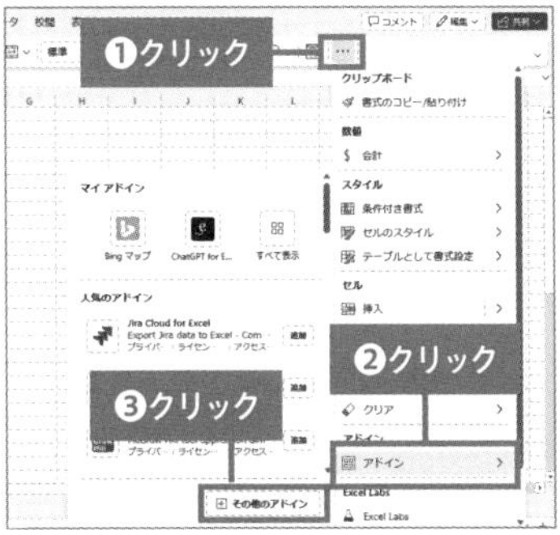

Web版のExcelで任意のブックを開き、「…」→「アドイン」→「その他のアドイン」をクリックする。「Officeアドイン」画面が表示されるので、あとはアプリ版と同じ手順でインストールする

04 Excel のマクロを ChatGPTで作る

Excelマクロの概要を知っておく

Excelの作業を自動化するためのしくみが「Excelマクロ」です。マクロを使うと、あちこちのセルをクリックしたり、文字・数字を入力したり、関数を入力したりする手間を省いて、大幅な時短につながります。ただ、複雑なマクロは、Excel VBA(Visual Basic for Applications)というプログラミング言語を使って作成する必要があり、プログラミングスキルのない人には縁遠いものでした。

しかし、ChatGPTを使うと、「何をさせたいか」をプロンプトに書くだけでマクロが作れます。大規模なマクロを作るのは無理でも、**簡単なものなら、実用的なマクロがすぐに作れます**。

ここでは、簡単なマクロを作るための手順を紹介します。どんなに簡単にできるのかを体験してみてください。

◎ Excelマクロ作成の手順

では、Excelマクロ作成の手順を簡単に説明します。

①Excelでマクロが使えるように設定し、必要ならデータを用意する
②プロンプトを書いて、ChatGPTに処理させる
③ChatGPTが作成したマクロをVBE(注)に貼り付ける
④実行して動作を確認する

うまく動作すれば、ここで作業完了です。しかし、Excelマクロに限らず、プログラミングが最初からうまくいくことは、あまりありません。うまく動作しなかったり、機能を変更・追加したくなったりすれば、②〜④までを何度も繰り返すことになります。

(注)VBEは「Visual Basic Editor」の略。マクロの中身であるコードを編集したり、マクロを実行したりできるアプリのこと

Excelマクロ作成で注意すべきこと

Excelマクロは非常に強力な武器となる反面、危険を招き寄せる結果にもなりかねません。危険を避けるために注意すべきことを挙げておきます。

◎ どんなマクロでも作れるわけではない

複雑な機能を持つマクロを作りたいときは、まず**簡単なマクロを作成して機能を確かめてから、次のステップに進むようにしましょう**。ただ、マクロの動作が複雑になると、ChatGPTの力だけでは完成できず、Excel VBAのコードを書くスキルが必要になってしまうことがあります。また、ChatGPTにExcel VBAのコードをすべて書いてもらうにしても、簡単な場合分けや繰り返しなど基本的なプログラミングの知識がないと複雑なマクロは作れないでしょう。

◎ セキュリティ面に気を付ける

マクロは一種のプログラムなので、実行する際はExcelが本来持っているセキュリティ保護機能の一部を無効にする必要があります。そのため、**組織によってはマクロの使用を禁止していることがあります**。また、**マルウェア対策は万全にしておきましょう**。Windows Updateは必ず実行し、自分が作ったもの以外のマクロは、実行前に「誰が作ったのか」「どんな機能があるのか」を確認します。

◎ マクロの実行テストとデータのバックアップは万全に

Excelマクロは、現在開いているブックの中身を書き換えることができます。また、工夫次第では、パソコンの中のファイルを削除・変更することも可能です。大切なデータを削除・変更してしまわないように、**テスト環境を作って十分にテストしてから本番環境で使用します**。

さらに、マクロの意図しない動作でデータを失わないよう、**必要なデータはバックアップをとっておく**ことを強くおすすめします。ほかのパソコンのデータに影響を与えるような大規模なマクロを実行すると、マクロに潜んでいるバグのために重要なデータが壊れてしまうことも考えられます。十分注意してください。

◎ Excelに「開発」タブを表示する

Excelマクロの機能は、多くの人には関係ないため、デフォルトでは表示されません。ここでは、マクロ作成の入り口となる「開発」タブを表示する設定に変更するところから始めます。

1 「Excelのオプション」ダイアログを開く

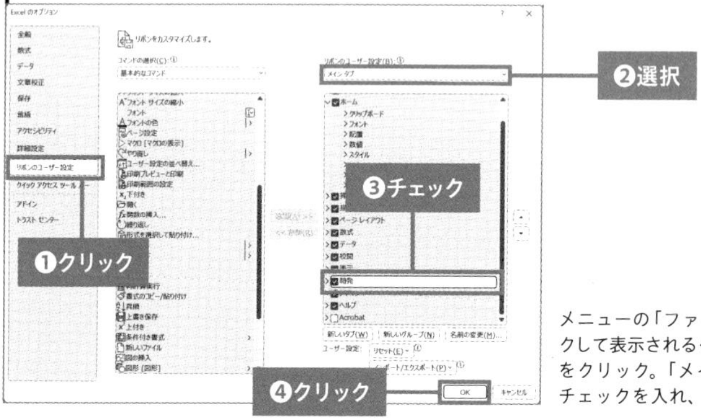

メニューの「ファイル」から「オプション」をクリックして表示されるダイアログ「リボンのユーザー設定」をクリック。「メインタブ」を選択して、「開発」にチェックを入れ、「OK」をクリックする

2 「開発」タブが表示された

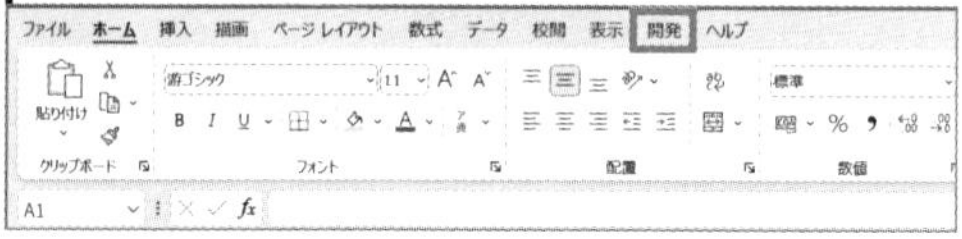

メインタブに「開発」が表示された。「開発」タブをクリックすると、マクロ関係のアイコンなどが表示される

マクロには、ウイルスが混入する可能性があります。そのため、マクロの入ったブックを開こうとすると、頻繁に「このブックにはマクロが含まれているが、マクロを有効にした状態で開いてよいか」という警告が表示されます。ほかの人から送られてきたブックで、そのような警告が表示された場合は、開かずに送信者に問い合わせするべきでしょう。あるいは、とりあえずマクロを無効にしたまま、ブックの内容を確認する方法もあります。

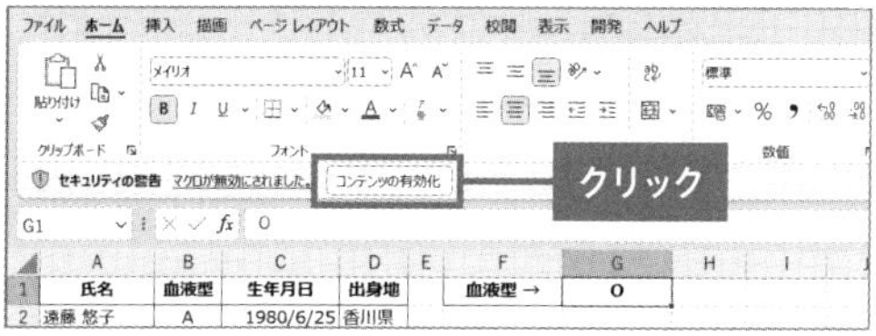

マクロ入りのブックを開くと、「マクロが無効にされました」と表示されることがある。マクロを実行したい場合には「コンテンツの有効化」をクリックする

◎ 入力するプロンプトを作る

ChatGPTでExcelマクロを作成し、思ったような動作をさせるためには、処理内容を正しく伝えるプロンプトを作る必要があります。

ここでは、例として、氏名、血液型、生年月日、出身地の表を用意し、あるセルに血液型を入力すると、その血液型の人のデータを抽出して新しいシートに書き出すようなマクロを作成してみます。ゼロから自分の力だけでマクロを作成しようとすると、かなり面倒な処理を書く必要があるので、初心者にとっては難しいでしょう。

しかし、**ChatGPTに「処理させたい内容」を正しく伝えることができれば、かなりの確率でうまく動作するマクロを作成してくれます。**

マクロで処理をしたいExcelデータを用意する

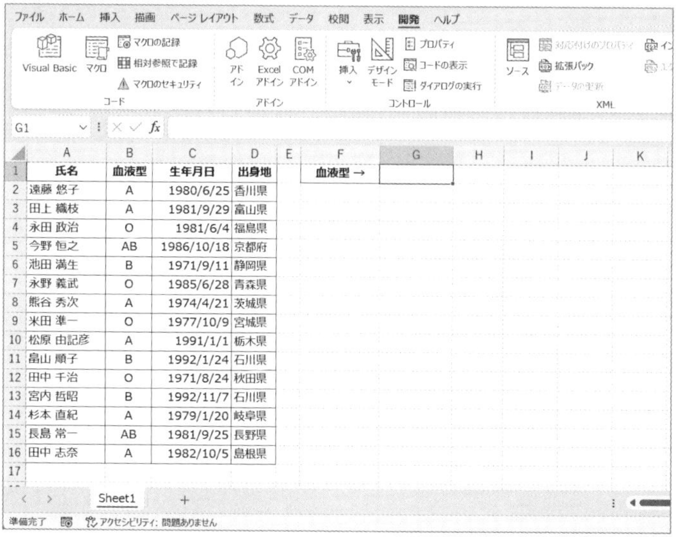

氏名、血液型、生年月日、出身地の表を用意。セルG1に血液型を入力して、入力した血液型に該当する人のデータを、血液型を名前にしたシートに書き出すマクロを書いてもらう

COLUMN

ChatGPTが作成したマクロがもし動作しなかったら

プロンプトの内容によっては、ChatGPTが作成したマクロが動作しないことも珍しくありません。そんなときは「動作しないから、やり直して」と伝えると、マクロを作り直してくれます。動作しないポイントがわかれば、それを伝えることで作り直しの精度も上がります。

以下の内容のExcel VBAのコードを書いてください。

Excelブックの「sheet1」に、氏名、血液型、生年月日、出身地のデータがそれぞれA列からD列に入力されています。データは2行目から入っています。
セルG1に血液型が入力されたら、それと一致する血液型の人のデータを新しいシートに書き出し、そのシートの名前をその血液型に変更します。

指定された要件に基づいて、血液型別にデータを新しいシートに書き出すVBAコードを以下に示します。各血液型に対応するデータを同じシートにまとめ、そのシートに対応するデータを書き込みます。

▼生成コードーーーーー
```
Sub FilterAndCopyData()
    Dim sourceSheet As Worksheet
    Dim targetSheet As Worksheet
    Dim sourceLastRow As Long
    Dim targetLastRow As Long
    Dim bloodTypeToMatch As String
    Dim i As Long, j As Long

    ' ソースシートを設定
    Set sourceSheet = ThisWorkbook.Sheets("Sheet1") ' シート名に合わせて修正

    ' ソースシートの最終行を取得
    sourceLastRow = sourceSheet.Cells(sourceSheet.Rows.Count, "A").End(xlUp).Row

    ' 血液型をG1セルから取得
    bloodTypeToMatch = sourceSheet.Range("G1").Value

    ' 新しいシートを作成または既存のシートを取得
    On Error Resume Next
    Set targetSheet = ThisWorkbook.Sheets(bloodTypeToMatch)
    On Error GoTo 0

    ' 新しいシートが存在しない場合は作成
    If targetSheet Is Nothing Then
        Set targetSheet = ThisWorkbook.Sheets.Add(After:=Sheets(Sheets. ⏎(注)
         Count))
        targetSheet.Name = bloodTypeToMatch ' 血液型をシート名に設定
```

(注) ⏎ 画面上では1行につながっているが、誌面ではデザイン上の理由で改行していることを表す

```
        ' ヘッダをコピー
        For j = 1 To 4
            targetSheet.Cells(1, j).Value = sourceSheet.Cells(1, j).Value
        Next j

        targetLastRow = 1
    Else
        ' 既存のシートの最終行を取得
          targetLastRow = targetSheet.Cells(targetSheet.Rows.Count, "A").↩
End(xlUp).Row + 1
    End If

    ' データのコピーとフィルタリング
    For i = 2 To sourceLastRow
        If sourceSheet.Range("B" & i).Value = bloodTypeToMatch Then ' 血液型が↩
一致する場合
            ' データをターゲットシートにコピー
            For j = 1 To 4
                    targetSheet.Cells(targetLastRow, j).Value = sourceSheet.Cells(i,↩
j).Value
            Next j
            targetLastRow = targetLastRow + 1
        End If
    Next i
End Sub
▲コード終わり－－－－－
```

このコードをVBAエディタに貼り付け、実行すると、指定された血液型に対応するデータを同じシートに書き込むことができます。必要に応じてシート名やセルの範囲を修正してください。

◎ 生成したコードを実行する

コメントのついたマクロが生成されました。それでは、ChatGPTの書いたコードを実際にExcelマクロとして動作させてみましょう。生成されたVBAのコードをVBEに貼り付けて動作確認します。

1 ファイルを開き、VBEを起動する

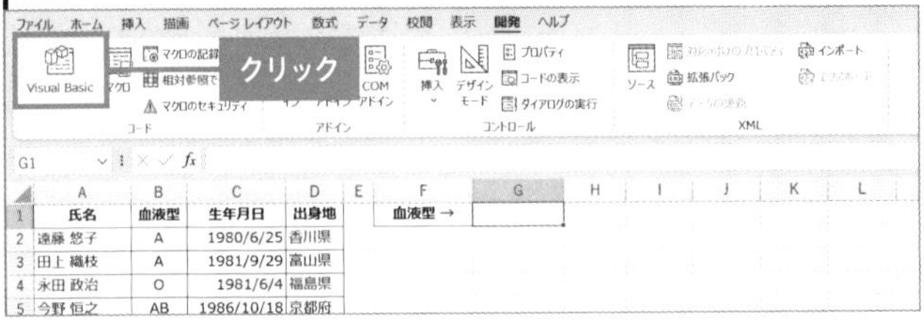
ファイル ホーム 挿入 描画 ページレイアウト 数式 データ 校閲 表示 開発 ヘルプ
Visual Basic
マクロ
マクロの記録
相対参照で記録
マクロのセキュリティ
クリック
コード
アドイン
COM アドイン
挿入
デザイン モード
プロパティ
コードの表示
ダイアログの実行
コントロール
ソース
拡張パック
インポート
XML
G1
氏名 血液型 生年月日 出身地
血液型 →
遠藤 悠子 A 1980/6/25 香川県
田上 織枝 A 1981/9/29 富山県
永田 政治 O 1981/6/4 福島県
今野 恒之 AB 1986/10/18 京都府

氏名、血液型、生年月日、出身地を入力したブックを開き、「開発」タブの「Visual Basic」をクリックする

2 VBEで「標準モジュール」を追加

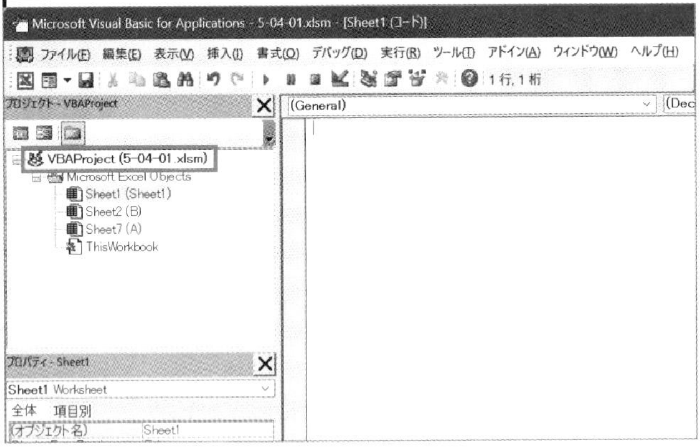
Microsoft Visual Basic for Applications - 5-04-01.xlsm - [Sheet1 (コード)]
ファイル(F) 編集(E) 表示(V) 挿入(I) 書式(O) デバッグ(D) 実行(R) ツール(T) アドイン(A) ウィンドウ(W) ヘルプ(H)
1 行, 1 桁
プロジェクト - VBAProject
(General)
VBAProject (5-04-01.xlsm)
Microsoft Excel Objects
Sheet1 (Sheet1)
Sheet2 (B)
Sheet7 (A)
ThisWorkbook
プロパティ - Sheet1
Sheet1 Worksheet
全体 項目別
(オブジェクト名) Sheet1

大半のマクロのコードは「標準モジュール」という場所に書く。Excelの通常のブックには標準モジュールがないので、最初に作成する。VBEの左上にある「VBAProject」を右クリックして「挿入」→「標準モジュール」を選択する

3 生成したコードを貼り付ける

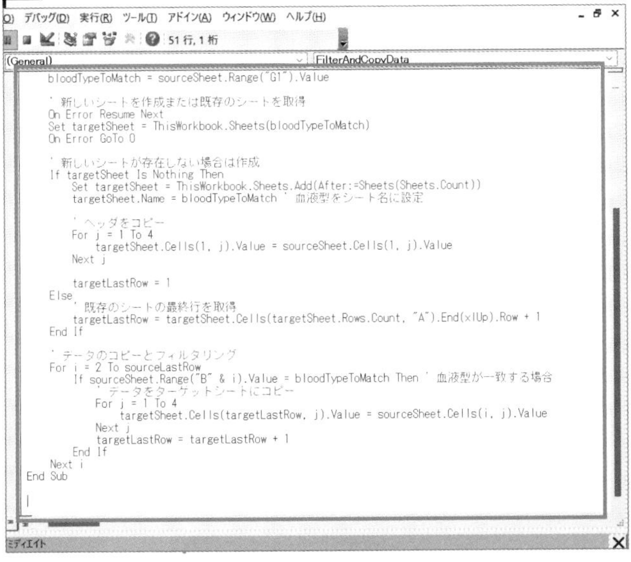
デバッグ(D) 実行(R) ツール(T) アドイン(A) ウィンドウ(W) ヘルプ(H)
51 行, 1 桁
(General)
FilterAndCopyData
    bloodTypeToMatch = sourceSheet.Range("G1").Value
    ' 新しいシートを作成または既存のシートを取得
    On Error Resume Next
    Set targetSheet = ThisWorkbook.Sheets(bloodTypeToMatch)
    On Error GoTo 0
    ' 新しいシートが存在しない場合は作成
    If targetSheet Is Nothing Then
        Set targetSheet = ThisWorkbook.Sheets.Add(After:=Sheets(Sheets.Count))
        targetSheet.Name = bloodTypeToMatch ' 血液型をシート名に設定
        ' ヘッダをコピー
        For j = 1 To 4
            targetSheet.Cells(1, j).Value = sourceSheet.Cells(1, j).Value
        Next j
        targetLastRow = 1
    Else
        ' 既存のシートの最終行を取得
        targetLastRow = targetSheet.Cells(targetSheet.Rows.Count, "A").End(xlUp).Row + 1
    End If
    ' データのコピーとフィルタリング
    For i = 2 To sourceLastRow
        If sourceSheet.Range("B" & i).Value = bloodTypeToMatch Then ' 血液型が一致する場合
            ' データをターゲットシートにコピー
            For j = 1 To 4
                targetSheet.Cells(targetLastRow, j).Value = sourceSheet.Cells(i, j).Value
            Next j
            targetLastRow = targetLastRow + 1
        End If
    Next i
End Sub
イミディエイト

VBEのコードウィンドウに、ChatGPTが生成したコードを貼り付ける

4 保存してVBEを閉じる

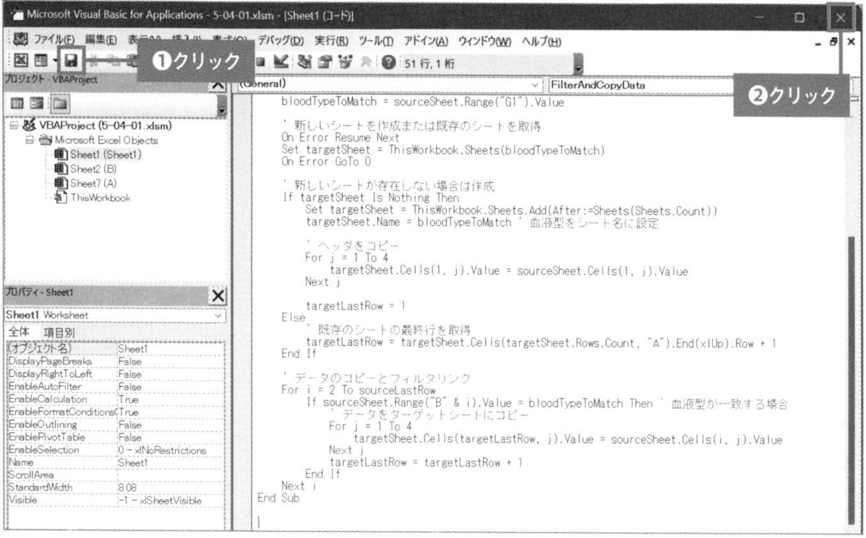

保存アイコンをクリックして、VBEを閉じる

5 血液型を入力

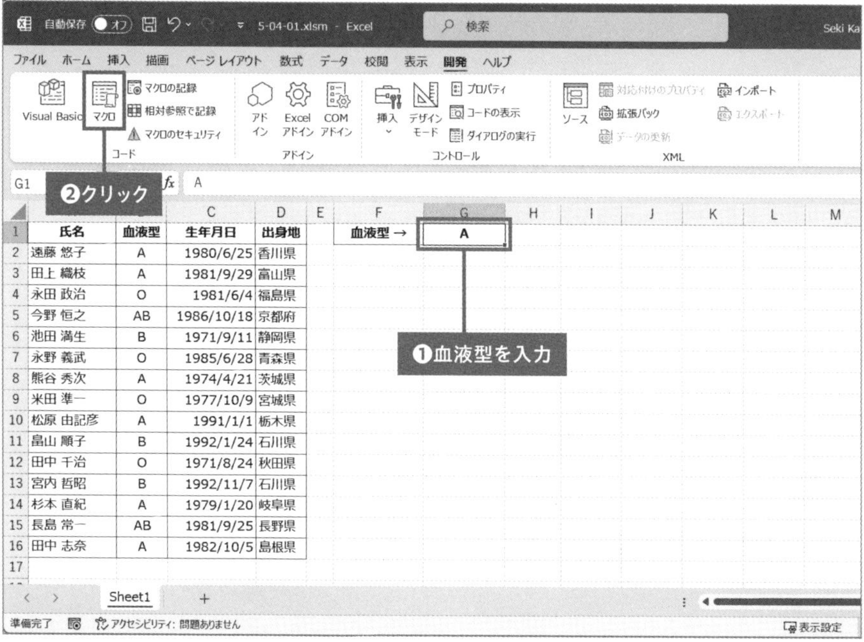

セルG1に血液型を入力して、「開発」タブの「マクロ」をクリックする。ここでは「A」を入力した

6 マクロを実行

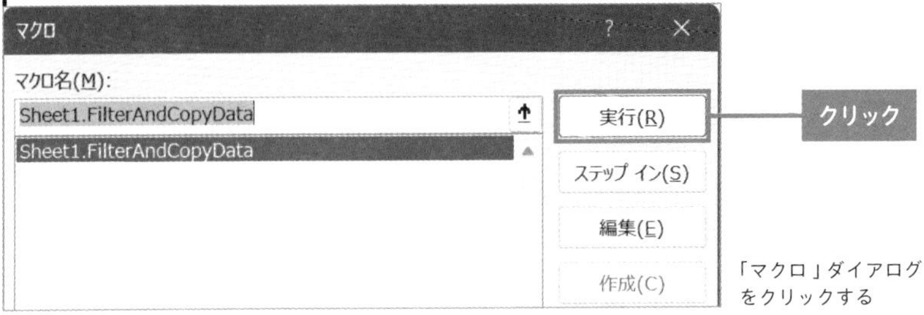

「マクロ」ダイアログで、「実行」をクリックする

7 新しいシートが追加された

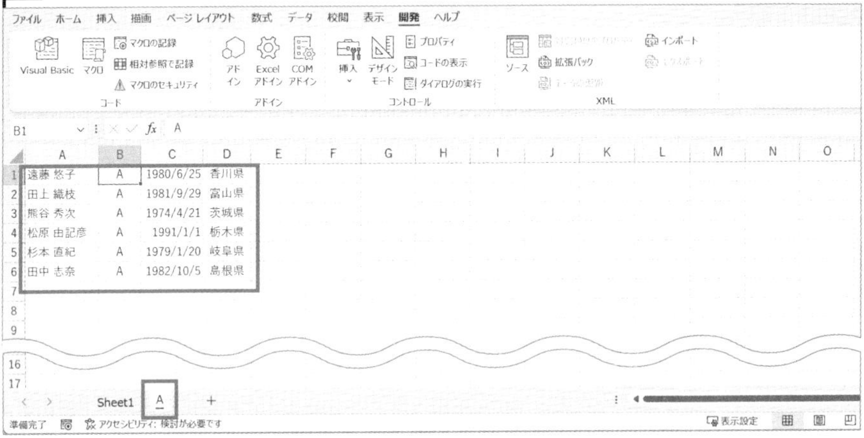

「A」という名前のシートが追加されて、血液型がAの人の情報が抽出された

8 異なる血液型を入力した場合

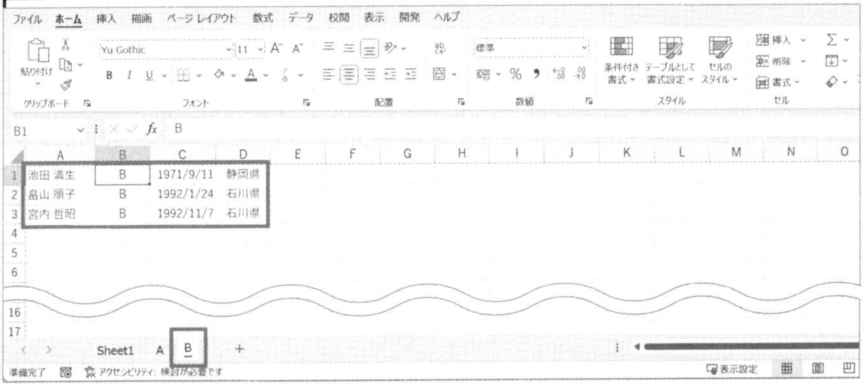

続けて、「B」を入力してマクロを実行した場合の結果。「B」という名前のシートが追加されて、血液型がBの人の情報が抽出された

CHAPTER 5

05 面倒な計算やグラフの作成を行う【Plus】

Code Interpreterを使う

Code Interpreterを使うと、ChatGPTが苦手とする複雑な計算もPythonコードを生成して実行するため、高度な数学的計算も高い精度で行うことができます。さらに、CSVやPDFファイルのデータを解釈し、グラフ作成やPDFの要約が可能で、画像や動画、音声、それらを圧縮したファイルなどを読み込んでデータ分析をすることもできます。

1 Code Interpreterを利用可能にする

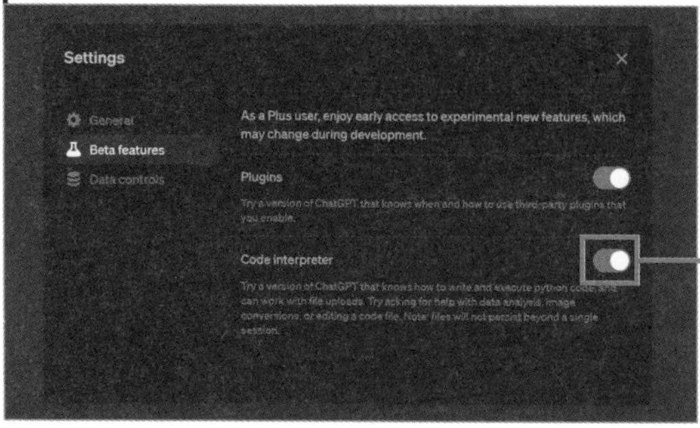

Code Interpreterを利用するには、画面左下のユーザー名の右の「...」をクリックし、Code Interpreterをオンにする

2 動作モードをCode Interpreterに設定

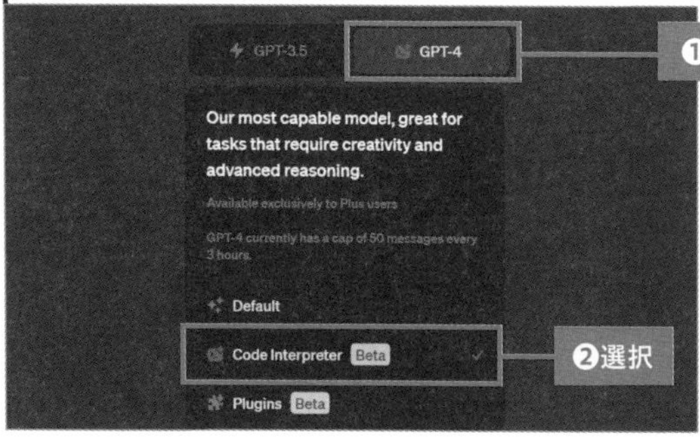

新規チャット画面で、「GTP-4」にマウスポインターを合わせて「Code Interpreter [Beta]」をクリックしてチェックを付ける

◎ 連立方程式を解く

TJ

次の連立方程式を解いてください。

2x - y + 1 = 0
x^2 + y^2 = 1

回答は、以下のとおりです。

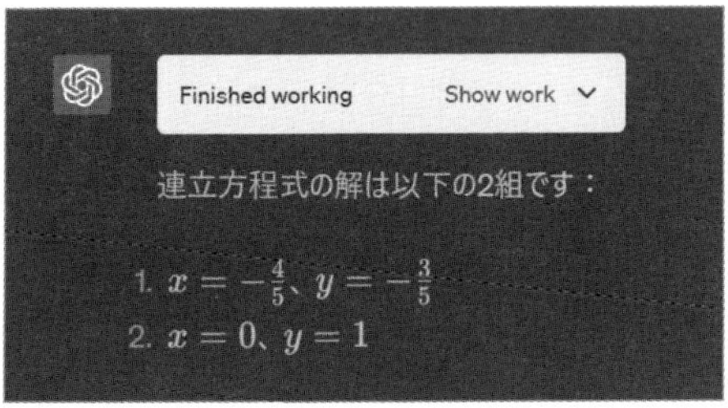

◎ グラフを作成する

ここでは、1カ月の東京の最高気温と最低気温を記録したCSVファイルを用意します。Code Interpreterにファイルを読み込ませるには、プロンプト入力欄の左に表示される「＋」をクリックして、ファイルを選択します。

TJ

このファイルは、最近1カ月の東京の気温の記録です。最高気温と最低気温を折れ線グラフにして、温度の差を淡いブルーで示してください。

回答には、以下のようなグラフが表示されます。

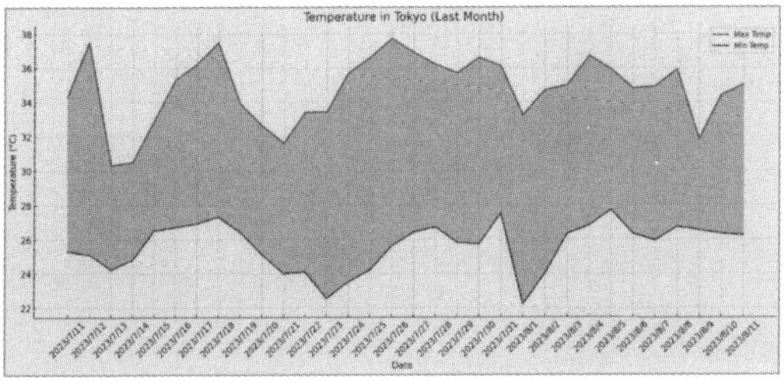

06 WordにChatGPTの回答を表示する

Ghostwriterアドインを使う

Wordで文書を作成していてChatGPTを使いたいとき、ChatGPTにプロンプトを入力し、回答を何度もWordにコピー&ペーストするのを繰り返すのは面倒です。そこで試してみたいのが、Wordのアドイン「Ghostwriter」です。このアドインを導入すれば、Wordから簡単にChatGPTを使用することができます。

なお、Ghostwriterは有料で、使用にはライセンス購入が必要ですが、5回まで無料で試用することができます。

1 アドインを入手する

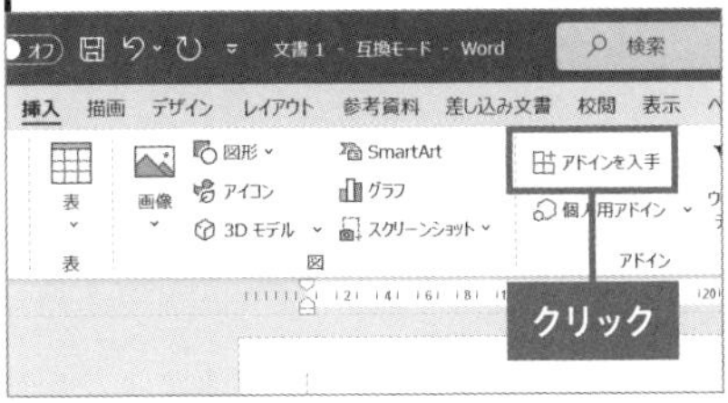

「挿入」タブをクリックしてリボンメニューを開き、「アドイン」項目の「アドインを入手」をクリックする

2 Ghostwriterを追加

「Officeアドイン」の画面左上の検索欄に「Ghostwriter」と入力。検索結果に表示されるGhostwriterの「追加」ボタンをクリック

3 Ghostwriterをインストール

アドイン追加のダイアログボックスが表示されたら、「続行」ボタンをクリック

4 ライセンス購入画面

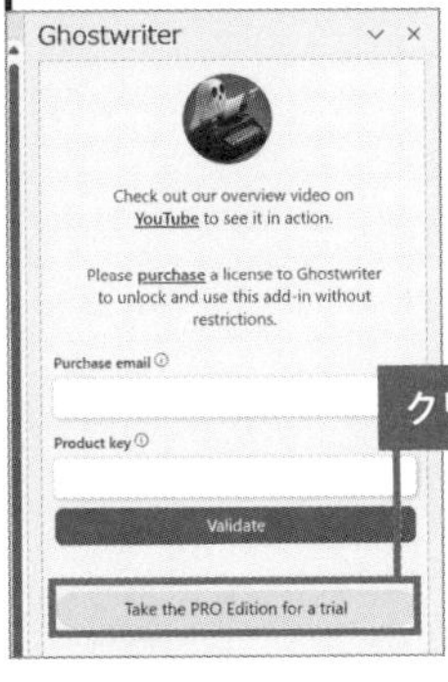

「Take the PRO Edition for a trial」ボタンをクリックすると、5回まで試用できる

5 プロンプトを入力する

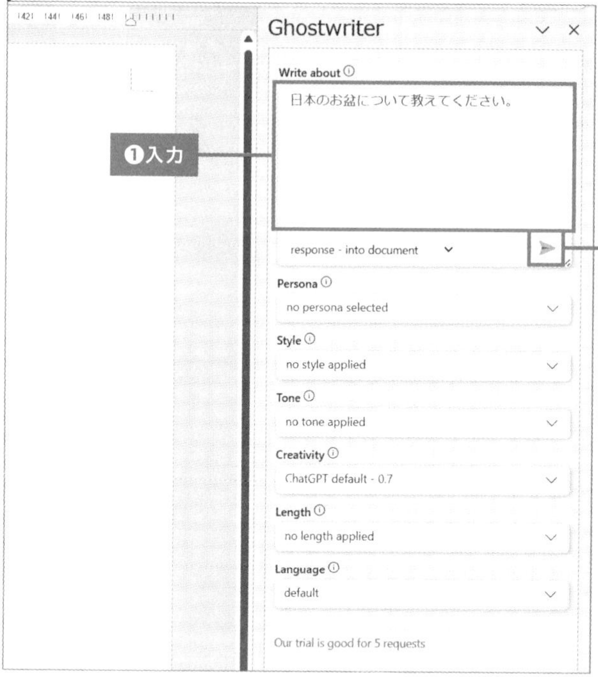

「Write about」にChatGPTに送るプロンプトを入力する。「Style」で文体、「Tone」で文章のトーン、「Length」で文章の長さ、などを指定することが可能。紙飛行機アイコンをクリックする

6 回答がWordの編集画面に表示された

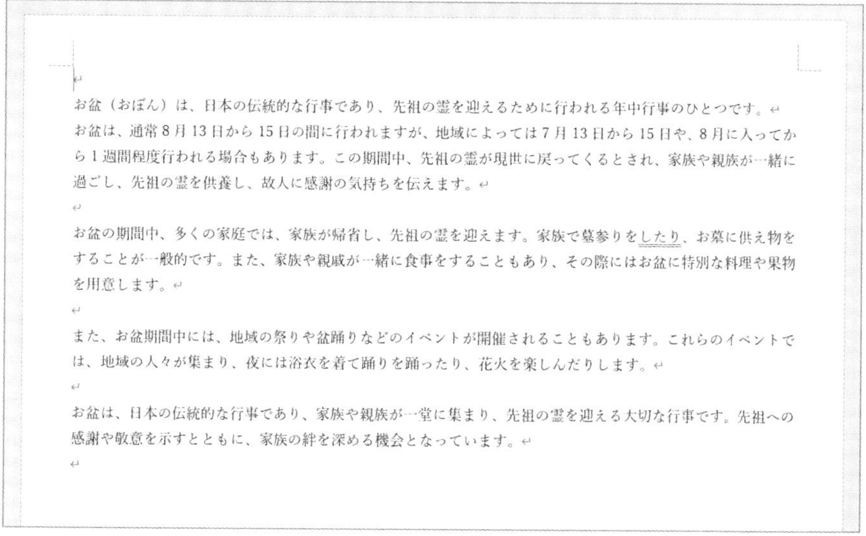
お盆（おぼん）は、日本の伝統的な行事であり、先祖の霊を迎えるために行われる年中行事のひとつです。

お盆は、通常8月13日から15日の間に行われますが、地域によっては7月13日から15日や、8月に入ってから1週間程度行われる場合もあります。この期間中、先祖の霊が現世に戻ってくるとされ、家族や親族が一緒に過ごし、先祖の霊を供養し、故人に感謝の気持ちを伝えます。

お盆の期間中、多くの家庭では、家族が帰省し、先祖の霊を迎えます。家族で墓参りをしたり、お墓に供え物をすることが一般的です。また、家族や親戚が一緒に食事をすることもあり、その際にはお盆に特別な料理や果物を用意します。

また、お盆期間中には、地域の祭りや盆踊りなどのイベントが開催されることもあります。これらのイベントでは、地域の人々が集まり、夜には浴衣を着て踊りを踊ったり、花火を楽しんだりします。

お盆は、日本の伝統的な行事であり、家族や親族が一堂に集まり、先祖の霊を迎える大切な行事です。先祖への感謝や敬意を示すとともに、家族の絆を深める機会となっています。

例として「日本のお盆について」というプロンプトを送信したところ、回答がWordの本文に挿入された

07 Word文書の内容について回答を求める【Plus】

Code Interpreterを使う

Code Interpreterを使うとWordファイルを読み込ませ、ChatGPTに内容について質問することができます。難しい用語が使われているようなWord文書の内容についても、文書の概要や説明をChatGPTに実行させると便利でしょう。

ここではデジタル庁の「オープンデータ基本指針」の内容を質問してみます。

1 Code Interpreterモードでチャットを開始する

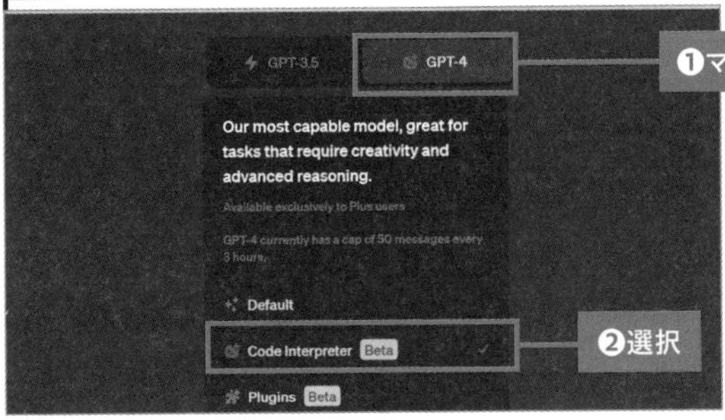

新規チャット画面で「GTP-4」にマウスポインターを合わせて、「Code Interpreter [Beta]」を選択

2 質問に使うWord文書

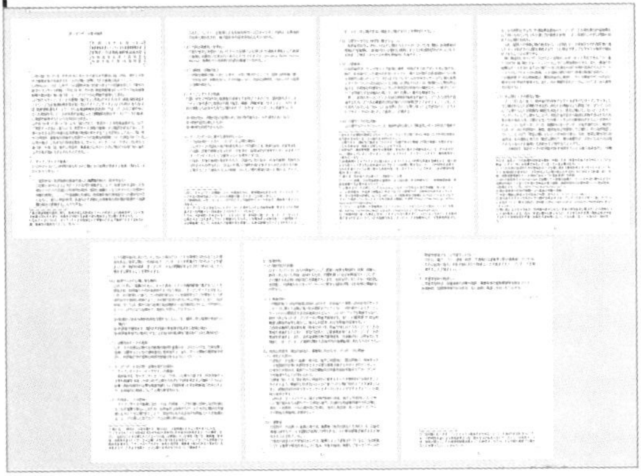

質問に使うWord文書は、政府デジタル庁の公開している「オープンデータ基本指針」（https://www.digital.go.jp/resources/open_data）を使用した

このあと、用意したWord文書をアップロードして以下のプロンプトを入力し、分析してもらいます。さらに詳細を知りたい場合は、続けて質問することもできます。

TJ

このWordファイルは、デジタル庁が公開している「オープンデータ基本指針」です。資料の趣旨を教えてください。

AI

分かりました。アップロードされたファイル「20210615_resources_data_guideline_02.docx」の内容を確認して、資料の趣旨を把握します。少々お待ちください。

アップロードされたファイル「20210615_resources_data_guideline_02.docx」の冒頭の内容を元に、以下の情報を抽出しました。

・タイトル: オープンデータ基本指針
・日付: 平成29年 5 月30日
・決定機関: 高度情報通信ネットワーク社会推進戦略本部・官民データ活用推進戦略会議
・改正日: 令和元年 6 月 7 日、令和 3 年 6 月15日
・内容の導入: 我が国においては、平成23年 3 月11日の東日本大震災以降、政府、地方公共団体や事業者等が保有するデータの公開・活用に対する意識が高まった。

この文書は、オープンデータに関する基本的な指針についてのものであり、東日本大震災以降の日本におけるデータの公開・活用に対する意識の変化についても触れられているようです。資料全体の詳細な内容やその他の要点をさらに知りたい場合は、お知らせください。

CHAPTER 5

08 ChatGPTをスプレッドシートで利用する

ChatGPTをGoogleスプレッドシートで使う

Googleスプレッドシートは、Excelと同様の操作感で表の作成やデータの管理などが可能で、リアルタイムに共同編集できるのがメリットです。ChatGPTの回答をGoogleスプレッドシートで利用したいときは、「GPT for Sheets and Docs」というアドオンが便利です。なお、利用には、事前にOpenAIのAPIキーを発行する必要があります。

1 アドオンを取得

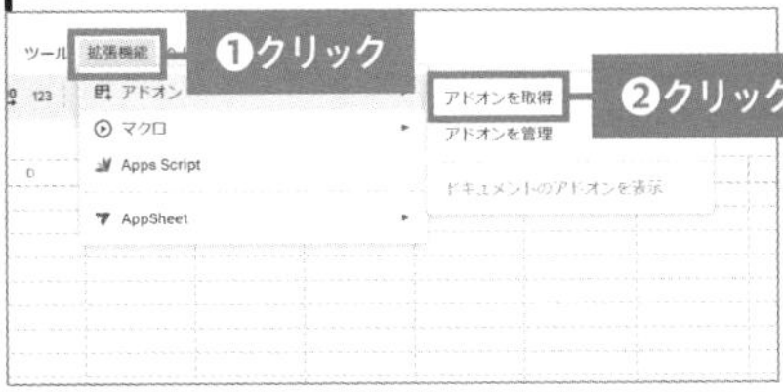

Googleスプレッドシートで新規ファイルを作成し、メニューから「拡張機能」→「アドオン」→「アドオンを取得」をクリックする

2 アドオンを検索

「Google Workspace Marketplace」ウィンドウが表示されるので、検索欄に「GPT」と入力して検索する。「GPT for Sheets and Docs」が表示されたらクリックする

3 アドオンをインストール

「GPT for Sheets and Docs」の詳細ページが表示される。「インストール」をクリックする

4 インストールの権限を付与

「続行」をクリックして、アドオンのインストールを開始する。このあと、Googleアカウントとの連携を求められる

◎「GPT for Sheets and Docs」の初期設定

ChatGPTの機能をChatGPTのページ以外で使うためには、OpenAIが発行しているAPIキーが必要です。APIキーは無料で発行できますが、アカウント作成から一定期間が経過するか、一定量以上使用すると、有料（従量制）になります。

1 OpenAI APIキーの発行

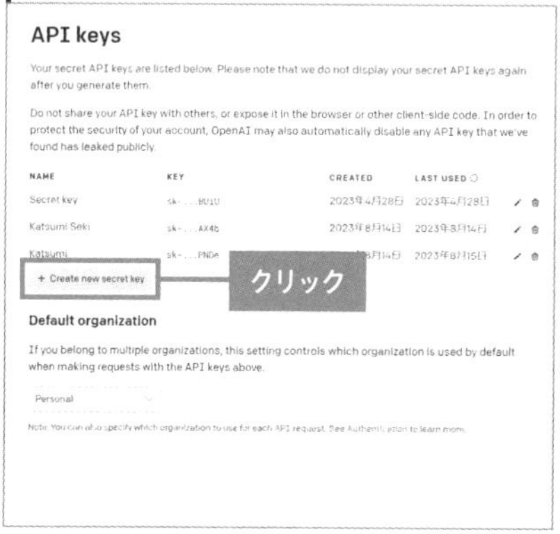
API keys
Your secret API keys are listed below. Please note that we do not display your secret API keys again after you generate them.
Do not share your API key with others, or expose it in the browser or other client-side code. In order to protect the security of your account, OpenAI may also automatically disable any API key that we've found has leaked publicly.
NAME
KEY
CREATED
LAST USED
Secret key
Katsumi Seki
Katsumi
+ Create new secret key
クリック
Default organization
If you belong to multiple organizations, this setting controls which organization is used by default when making requests with the API keys above.
Personal

「API keys」のページ（https://platform.openai.com/account/api-keys）にアクセスして、「Create new secret key」をクリックする

2 APIキーをコピー

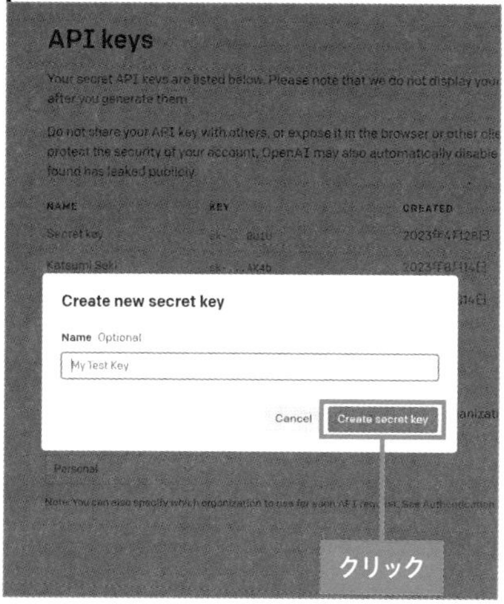
API keys
Create new secret key
Name Optional
My Test Key
Cancel
Create secret key
クリック

「Create new secret key」をクリックすると、APIキーが生成されるのでコピーする

3 APIキーを貼り付ける

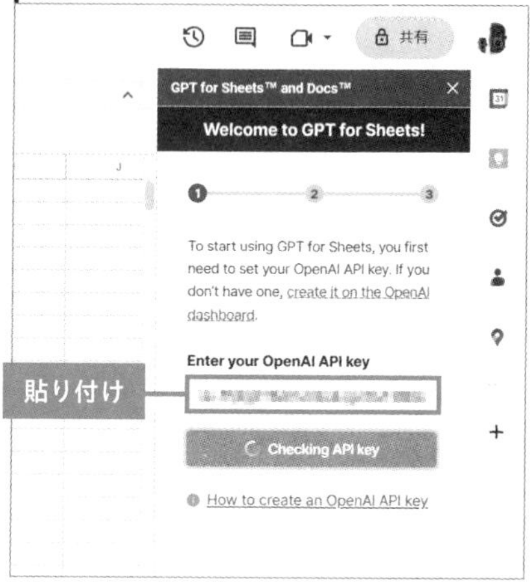
共有
GPT for Sheets™ and Docs™
Welcome to GPT for Sheets!
To start using GPT for Sheets, you first need to set your OpenAI API key. If you don't have one, create it on the OpenAI dashboard.
Enter your OpenAI API key
貼り付け
Checking API key
How to create an OpenAI API key

Googleスプレッドシートに戻り、APIキーを貼り付ける

4 初期設定を完了

共有
GPT for Sheets™ and Docs™
Get started
Try typing this in a cell:
Disclaimer
GPT cannot surf the web.
GPT has very little knowledge about the world and none about recent events.
Video tutorials
Examples
クリック
Next

使い方のヒントが表示される。「Next」をクリックする

◎ GPT関数の使い方

1 プロンプトを入力する

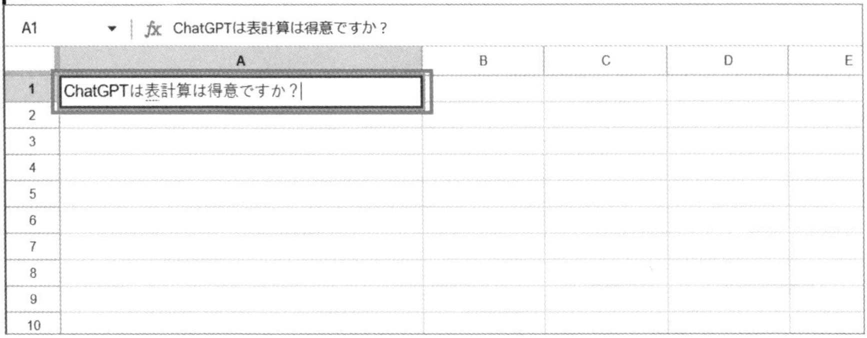
A1
fx ChatGPTは表計算は得意ですか？
A B C D E
1 ChatGPTは表計算は得意ですか？
2
3
4
5
6
7
8
9
10

セルA1にプロンプトを入力する

2 GPT関数を入力する

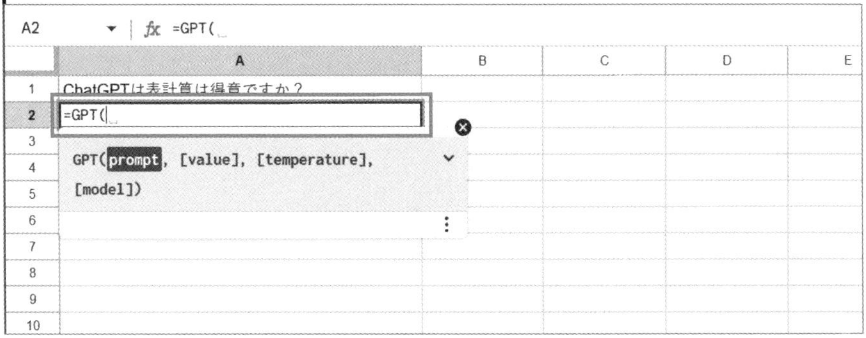
A2
fx =GPT(
A B C D E
1 ChatGPTは表計算は得意ですか？
2 =GPT(
GPT(prompt, [value], [temperature], [model])

セルA2に、セルA1に対して回答するGPT関数「=GPT(A1)」を入力する

3 回答が表示された

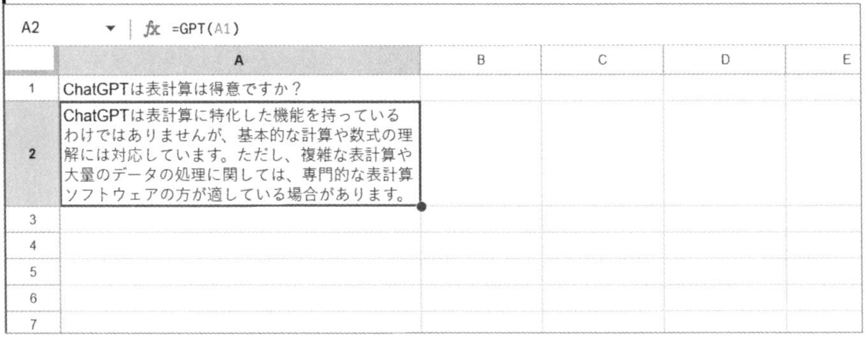
A2
fx =GPT(A1)
A B C D E
1 ChatGPTは表計算は得意ですか？
2 ChatGPTは表計算に特化した機能を持っているわけではありませんが、基本的な計算や数式の理解には対応しています。ただし、複雑な表計算や大量のデータの処理に関しては、専門的な表計算ソフトウェアの方が適している場合があります。

数秒ほど待つと、セルA2に回答が表示される。なお、GPT関数以外にも、いろいろな関数が用意されている

09 プレゼンの構成を作成する

テーマをもとにプレゼンの構成を作る

ChatGPTを使うと、プレゼンの対象とする聴衆がどういう人たちか、どのようなテーマのプレゼンにするかなどの情報を与えるだけで、時間配分も含めてプレゼンの構成を作ることができます。聴衆の興味を引くべきポイントも併記するように工夫して盛り込むことも可能です。

TJ

次の条件に合ったプレゼンの構成を考えて、視聴者を飽きさせないためのポイントと各スライドの所要時間を教えてください。

・テーマは「AIと機械学習の関係」
・対象者は、AI初心者
・スライドは5枚程度
・所要時間は30分以内

AI

提案された条件に基づいて、AI初心者向けの「AIと機械学習の関係」に関するプレゼンの構成を以下に示します。各スライドのポイントと所要時間も合わせて記載します。プレゼン全体の所要時間は、流れをスムーズに保つために適切に配分されています。

** スライド 1: イントロダクション ** (所要時間: 3分)
- プレゼンの目的を説明する。
- AIと機械学習の関係について興味深い事実や日常生活での活用例を挙げる。
- 視聴者にプレゼンの流れを概要で説明する。

** スライド 2: AIと機械学習の概要 ** (所要時間: 5分)
- AI(人工知能)とは何か、概念を簡潔に説明する。
- 機械学習とは何か、AIとの関係性を強調する。
- 機械学習がAIの中でどのような役割を果たすか解説する。　(後略)

CHAPTER 5

10 プレゼン用のPowerPointファイルを作成する【Plus】

スライド構成からPowerPointファイルを生成

Code Interpreterを使うと、作成したプレゼンのスライド構成をもとにして、**「このスライドをPowerPointのファイルにしてください」と指示するだけでプレゼン資料をPowerPointのファイルに変換して保存することができます。**現時点では、文字のみのスライドでPowerPointファイルが生成されるので、スライドに表や画像を追加して、アニメーション効果を加えるといいでしょう。

TJ

(前節の回答に引き続いて)
このスライドをPowerPointのファイルにしてください。

AI

PowerPointのファイルを作成しました。以下のリンクからダウンロードしてください。
AIと機械学習の関係のプレゼンテーション

PowerPointファイルが生成された

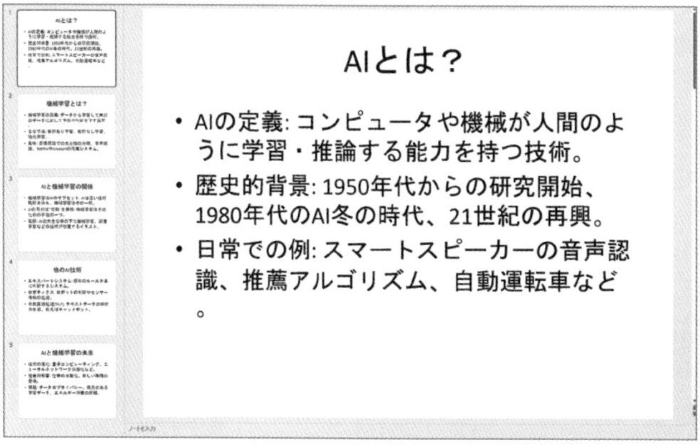
AIとは？
• AIの定義: コンピュータや機械が人間のように学習・推論する能力を持つ技術。
• 歴史的背景: 1950年代からの研究開始、1980年代のAI冬の時代、21世紀の再興。
• 日常での例: スマートスピーカーの音声認識、推薦アルゴリズム、自動運転車など。

回答のリンクをクリックすると、PowerPoint形式のファイルがダウンロードできる。内容は、スライドの構成どおりのプレゼン資料となっている

CHAPTER 5

11 Excelに入力した宛先にOutlookからメールを送信する

Outlookを操作するExcelマクロを作成する

同じ文面を多くの人にメールで送信したいとき、CCやBCCが使えれば楽ですが、使えないと非常に面倒です。メールの通数だけ本文をコピー＆ペーストし、さらに間違えないように注意しながら宛先のメールアドレスを設定することになります。

そんなときは、**Excelに必要事項を入力し、ExcelマクロでOutlookからメールを送信してしまいましょう**。かなりの省力化につながります。

◎ Excelデータの準備

1 Excelにメールの宛先と内容を入力

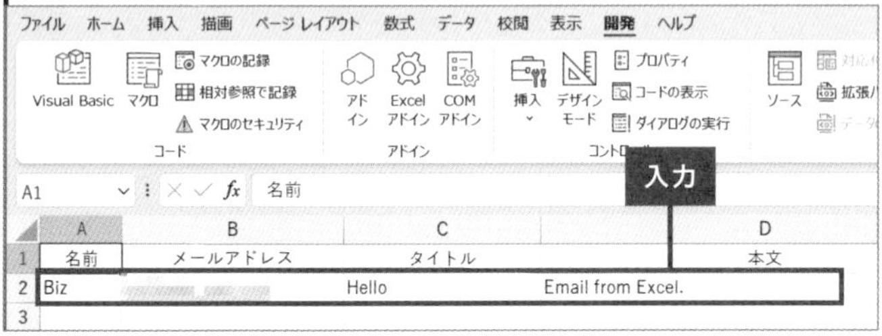

メールの宛先、タイトル、本文を入力したExcelブックを用意する

2 マクロを有効にする

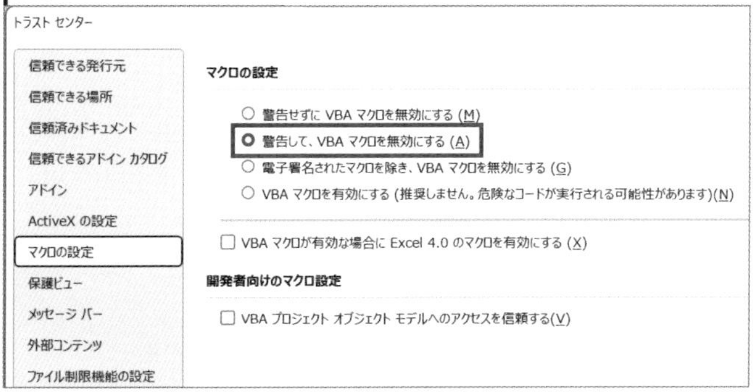

「ファイル」メニュー→「オプション」→「トラストセンター」→「トラストセンターの設定」をクリックすると、左の「トラストセンター」ダイアログが表示される。「マクロの設定」をクリックして、「警告して、VBAマクロを無効にする」設定が選択されていれば、マクロを実行できる

◎ VBAマクロ生成のプロンプトと回答

TJ

Excelブックに書かれた内容から、Outlookを使ってメールを送信するExcel VBAのマクロを書いてください。

Excelブックには、B列にメールアドレス、C列にはメールのタイトル、D列にはメール本文があります。

AI

もちろん、ExcelからOutlookを使ってメールを送信するVBAマクロを以下に示します。以下のコードをExcelのVisual Basic for Applications (VBA) エディタに貼り付けて実行してください。

```
Sub SendEmailsFromExcel()
    Dim OutlookApp As Object
    Dim OutlookMail As Object
    Dim LastRow As Long
    Dim i As Long

    ' Outlookのアプリケーションを作成
    Set OutlookApp = CreateObject("Outlook.Application")

    ' メールの送信元を作成
    Set OutlookMail = OutlookApp.CreateItem(0)

    ' 最終行を取得
    LastRow = Cells(Rows.Count, "B").End(xlUp).Row

    ' メール送信ループ
    For i = 2 To LastRow
        ' B列からメールアドレスを取得
        OutlookMail.Recipients.Add Cells(i, "B").Value

        ' メールタイトルを設定
        OutlookMail.Subject = Cells(i, "C").Value

        ' メール本文を設定
        OutlookMail.Body = Cells(i, "D").Value

        ' メールを表示せずに送信
        OutlookMail.Send
```

（後略）

◎ Excelマクロの実行

1 VBEにコードをペースト

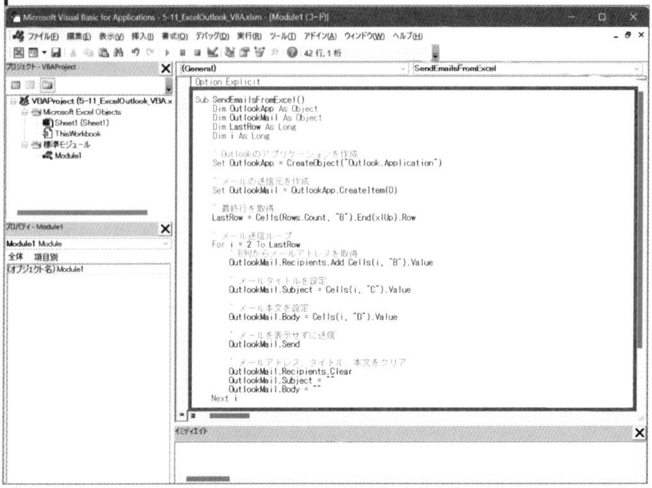
Microsoft Visual Basic for Applications - 5-11_ExcelOutlook_VBA.xlsm - [Module1 (コード)]
ファイル(F) 編集(E) 表示(V) 挿入(I) 書式(O) デバッグ(D) 実行(R) ツール(T) アドイン(A) ウィンドウ(W) ヘルプ(H)
42 行, 1 桁
プロジェクト - VBAProject
VBAProject (5-11_ExcelOutlook_VBA.x
Microsoft Excel Objects
Sheet1 (Sheet1)
ThisWorkbook
標準モジュール
Module1
プロパティ - Module1
Module1 Module
全体 項目別
(オブジェクト名) Module1
(General)
SendEmailsFromExcel
Option Explicit
Sub SendEmailsFromExcel()
Dim OutlookApp As Object
Dim OutlookMail As Object
Dim LastRow As Long
Dim i As Long
' Outlookのアプリケーションを作成
Set OutlookApp = CreateObject("Outlook.Application")
' メールの送信元を作成
Set OutlookMail = OutlookApp.CreateItem(0)
' 最終行を取得
LastRow = Cells(Rows.Count, "B").End(xlUp).Row
' メール送信ループ
For i = 2 To LastRow
' B列からメールアドレスを取得
OutlookMail.Recipients.Add Cells(i, "B").Value
' メールタイトルを設定
OutlookMail.Subject = Cells(i, "C").Value
' メール本文を設定
OutlookMail.Body = Cells(i, "D").Value
' メールを表示せずに送信
OutlookMail.Send
' メールアドレス、タイトル、本文をクリア
OutlookMail.Recipients.Clear
OutlookMail.Subject = ""
OutlookMail.Body = ""
Next i
イミディエイト

ChatGPTの回答の「Copy code」をクリックし、コードをクリップボードにコピーする。次に「開発」タブで「Visual Basic」をクリックしてVBEを開き、「標準モジュール」を追加。コードウィンドウにペーストし、保存してVBEを閉じる

2 マクロを実行する

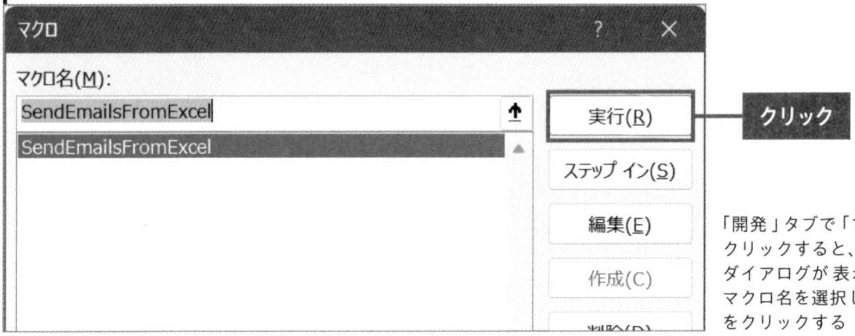
マクロ
マクロ名(M):
SendEmailsFromExcel
SendEmailsFromExcel
実行(R)
ステップ イン(S)
編集(E)
作成(C)
クリック

「開発」タブで「マクロ」をクリックすると、「マクロ」ダイアログが表示される。マクロ名を選択して「実行」をクリックする

3 マクロ実行の結果

Hello - メッセージ (HTML 形式)
ファイル メッセージ ヘルプ Acrobat
未読にする
検索
ズーム
Hello
返信
全員に返信
転送
宛先
2023/08/16 (水) 1:35
メッセージを日本語に翻訳する 翻訳しない: 英語 翻訳に関する設定
Email from Excel.

Outlookでメールが送信された

◎ マクロの仕様を変更してコードを修正する

前ページまでに紹介したマクロでは、メールを直接送信していました。ただ、メールは送信後に取り消すことができないので、やや危険です。ここでは、メールを作成するところまではマクロで自動実行し、最後の送信ボタンをクリックする部分を手動にすることで、トラブルが生じにくくなるようにしています。

TJ 送信する前にOutlookメール作成ウィンドウを開くようにしてください。

AI 了解しました。メールを送信する前にOutlookメール作成ウィンドウを開くように、コードを修正します。以下が修正されたコードです。

```
Sub SendEmailsFromExcelWithDialog()
    Dim OutlookApp As Object
    Dim OutlookMail As Object
    Dim LastRow As Long
    Dim i As Long

    ' Outlookのアプリケーションを作成
    Set OutlookApp = CreateObject("Outlook.Application")

    ' 最終行を取得
    LastRow = Cells(Rows.Count, "B").End(xlUp).Row

    ' メール送信ループ
    For i = 2 To LastRow
        ' メールの作成
        Set OutlookMail = OutlookApp.CreateItem(0)

        ' B列からメールアドレスを取得
        OutlookMail.Recipients.Add Cells(i, "B").Value

        ' メールタイトルを設定
        OutlookMail.Subject = Cells(i, "C").Value

        ' メール本文を設定
        OutlookMail.Body = Cells(i, "D").Value
```

（後略）

◎ Excelマクロの実行

1 VBEにコードをペースト

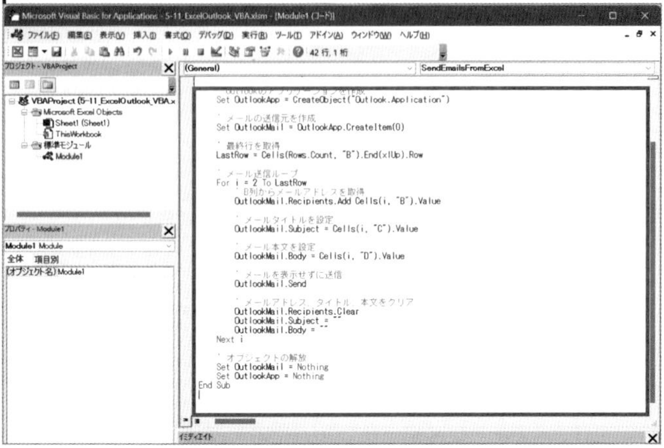

Microsoft Visual Basic for Applications - 5-11_ExcelOutlook_VBA.xlsm - [Module1 (コード)]
ファイル(F) 編集(E) 表示(V) 挿入(I) 書式(O) デバッグ(D) 実行(R) ツール(T) アドイン(A) ウィンドウ(W) ヘルプ(H)
42 行, 1 桁
プロジェクト - VBAProject
VBAProject (5-11_ExcelOutlook_VBA.x
Microsoft Excel Objects
Sheet1 (Sheet1)
ThisWorkbook
標準モジュール
Module1
プロパティ - Module1
Module1 Module
全体 項目別
(オブジェクト名) Module1
(General)
SendEmailsFromExcel
Set OutlookApp = CreateObject("Outlook.Application")
' メールの送信元を作成
Set OutlookMail = OutlookApp.CreateItem(0)
' 最終行を取得
LastRow = Cells(Rows.Count, "B").End(xlUp).Row
' メール送信ループ
For i = 2 To LastRow
' B列からメールアドレスを取得
OutlookMail.Recipients.Add Cells(i, "B").Value
' メールタイトルを設定
OutlookMail.Subject = Cells(i, "C").Value
' メール本文を設定
OutlookMail.Body = Cells(i, "D").Value
' メールを表示せずに送信
OutlookMail.Send
' メールアドレス、タイトル、本文をクリア
OutlookMail.Recipients.Clear
OutlookMail.Subject = ""
OutlookMail.Body = ""
Next i
' オブジェクトの解放
Set OutlookMail = Nothing
Set OutlookApp = Nothing
End Sub
イミディエイト

ChatGPTの回答の「Copy code」をクリックし、コードをクリップボードにコピーする。次に「開発」タブをクリックしてVBEを開き、「標準モジュール」を追加して、コードウィンドウにペーストする

2 マクロを実行する

Hello - メッセージ (HTML…
検索
ファイル メッセージ 挿入 描画 オプション 書式設定 校閲 ヘルプ Acrobat
游ゴシック 12
差出人(M)
@outlook.com
送信(S)
宛先(T)
CC(C)
件名(U)
Hello
Email from Excel.

Outlookのメール編集画面が開く

3 メールを確認・編集して送信ゆする

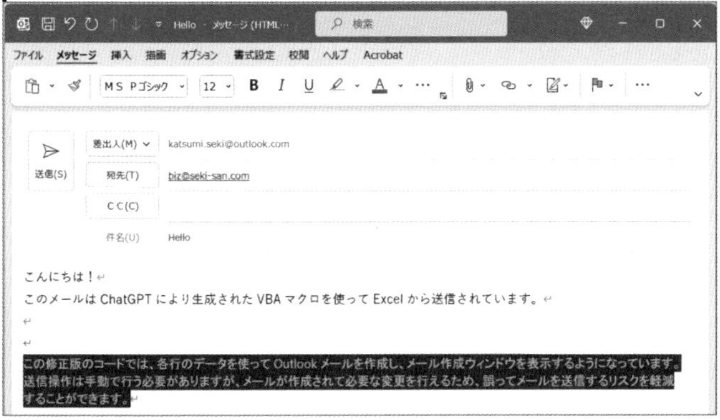

Hello - メッセージ (HTML…
検索
ファイル メッセージ 挿入 描画 オプション 書式設定 校閲 ヘルプ Acrobat
MS Pゴシック 12
差出人(M)
katsumi.seki@outlook.com
送信(S)
宛先(T)
biz@seki-san.com
CC(C)
件名(U)
Hello
こんにちは！
このメールは ChatGPT により生成された VBA マクロを使って Excel から送信されています。
この修正版のコードでは、各行のデータを使って Outlook メールを作成し、メール作成ウィンドウを表示するようになっています。送信操作は手動で行う必要がありますが、メールが作成されて必要な変更を行えるため、誤ってメールを送信するリスクを軽減することができます。

メールを確認し、必要であれば編集して送信する

CHAPTER

6

ChatGPTを もっと便利に活用する

CHAPTER 6

01 ChatGPTに英会話の練習相手をしてもらう

スマホで会話できる環境を作る

ChatGPTを活用する方法として画期的なのが英会話の学習です。これまでは相手がいないと難しかった英会話ですが、音声でやりとりできるように設定しておけば、ChatGPTを相手に英会話の学習が可能になります。

1 読み上げをオンにする

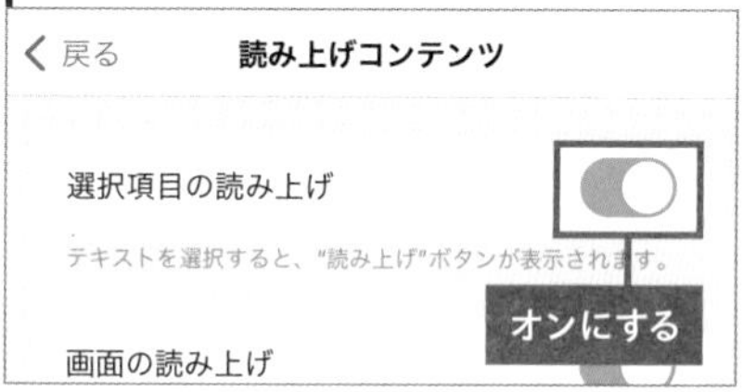

戻る
読み上げコンテンツ
選択項目の読み上げ
テキストを選択すると、"読み上げ"ボタンが表示されます。
オンにする
画面の読み上げ

iPhoneの場合、設定アプリで「アクセシビリティ」→「読み上げコンテンツ」を開き、「選択項目の読み上げ」をオンにする。Androidでは、設定→「ユーザー補助」→「選択して読み上げ」を開き、「選択して読み上げショートカット」をオンにする

2 回答をロングタッチする

SH
SHIGERU
ChatGPTの特徴を簡単
英
語でお願いします。
ロングタッチ
CHATGPT
Sure! ChatGPT is a language model developed by OpenAI. It's designed to understand and generate human-like text in response to prompts. It can help with a wide range of tasks, including answering questions, providing explanations, generating text, and more. Feel free to ask anything you'd like!

ChatGPTアプリで回答をもらったら、回答部分をロングタッチする

3 「Select Text」を選ぶ

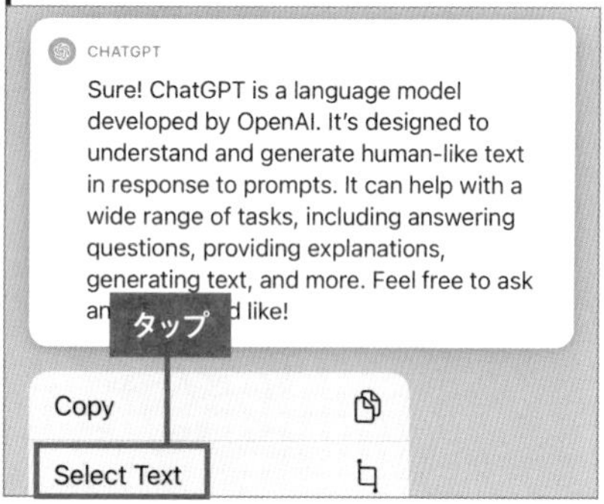

CHATGPT
Sure! ChatGPT is a language model developed by OpenAI. It's designed to understand and generate human-like text in response to prompts. It can help with a wide range of tasks, including answering questions, providing explanations, generating text, and more. Feel free to ask
an
d like!
タップ
Copy
Select Text

回答がポップアップしてメニューが表示されるので、「Select Text」をタップする

4 回答を読み上げる

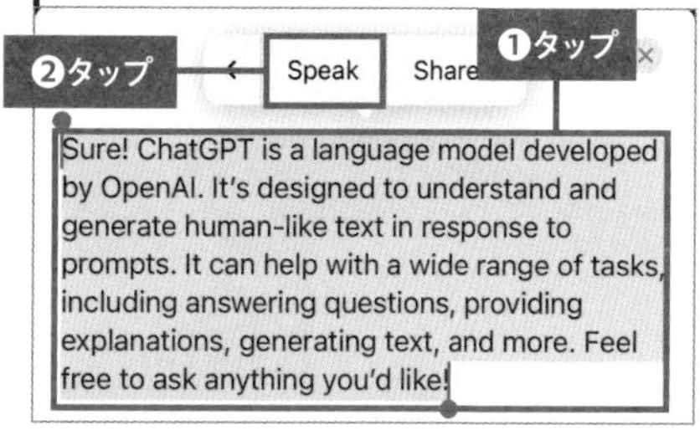

❷タップ
Speak
Share
❶タップ
Sure! ChatGPT is a language model developed by OpenAI. It's designed to understand and generate human-like text in response to prompts. It can help with a wide range of tasks, including answering questions, providing explanations, generating text, and more. Feel free to ask anything you'd like!

選択された回答をタップ。表示されたメニューの「Speak」をタップすると読み上げられる。Androidは画面上に表示されている再生ボタンをタップする

 アプリの音声入力については、P.143を参照のこと

パソコンで会話できる環境を作る

パソコンで英会話をするには、音声入力をするためのマイク、読み上げと音声入力できるアプリが必要です。アプリは「Ondoku3-ChatGPT(BETA)」という拡張機能をChromeブラウザーに導入するのが最も簡単な方法でしょう。ただし、環境によっては正常に動作しないことがあります。

1 初期設定する

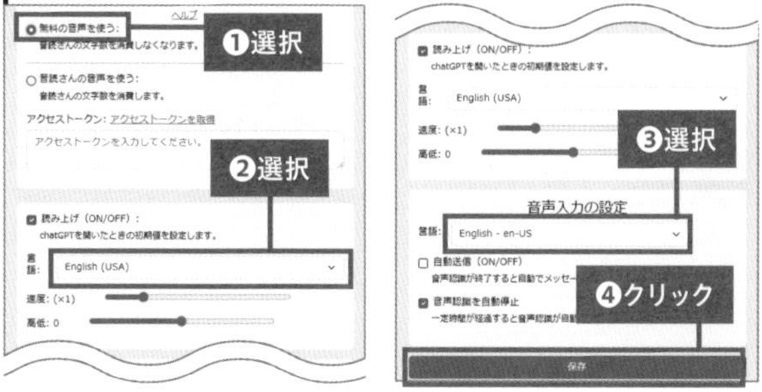

Ondoku3-ChatGPT(BETA)

開発者：ondoku3.com

URL：https://chrome.google.com/webstore/detail/ondoku3-chatgptbeta/gikpanjcgkeclijoapbpflkmbinkdmme

Chromeウェブストアで拡張機能をインストールすると、設定画面が表示される。「無料の音声を使う」を選択し、読み上げと音声入力で使用する言語を指定する。設定が終わったら「保存」をクリックする

2 読み上げを有効にする

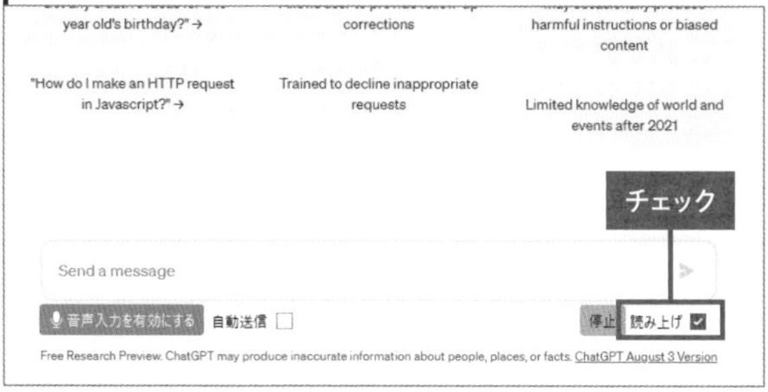

ChatGPTを再読込すると、画面下部に拡張機能の設定項目が表示される。「読み上げ」にチェックを付けると、ChatGPTの回答が読み上げられるようになる

3 音声入力を有効にする

音声入力するには、パソコンにマイクを接続した状態で「音声入力を有効にする」をクリックする。表示が「音声入力を無効にする」に変わったら、音声入力ができる状態になった

会話のトーンや関係性を設定する

ChatGPTと英会話学習で大切なのが、相手とのシチュエーションです。会話のトーンや関係性を適切に設定しておけば、さまざまな場面での英会話を無駄なく学べます。また、名前を決めておくとキャラクター設定が維持されやすく、会話を長く続けやすくなるので、必ず設定しておくようにしましょう。

1 トーンや関係性を伝える

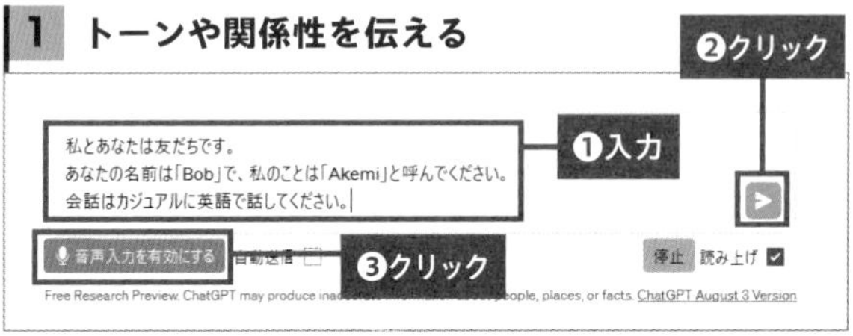

❷クリック
私とあなたは友だちです。
あなたの名前は「Bob」で、私のことは「Akemi」と呼んでください。
会話はカジュアルに英語で話してください。
❶入力
音声入力を有効にする
❸クリック
停止
読み上げ

自分と相手の関係、名前、どのようなトーンで会話するかを入力する。これで場面に応じた会話が可能になる。さらに、「音声入力を有効にする」をクリックして、パソコンが音声を聞き取れるようにする。設定を入力できたら紙飛行機アイコンをクリックする

2 話しかける

私とあなたは友だちです。
あなたの名前は「Bob」で、私のことは「Aker
会話はカジュアルに英語で話してください。
返事が表示される
Hey Akemi! It's great to be friends with you. You can call me Bob.
How's your day going? Anything interesting happening on your end?
Tell me about a recent movie you saw that you enjoyed.
音声入力を無効にする
自動送信
停止
読み上げ
Free Research Preview. ChatGPT may produce inaccurate information about people, places, or facts. ChatGPT August 3 Version

ChatGPTから回答が返ってくる。ただし、これは毎回内容がバラバラなので、とくに気にしなくても大丈夫だ。あとは、「音声入力を有効にする」をクリックして話しかける。なお「自動送信」にチェックを付けると、話し終えたタイミングで内容を送信するので、より自然な会話に近くなる

3 会話を続ける

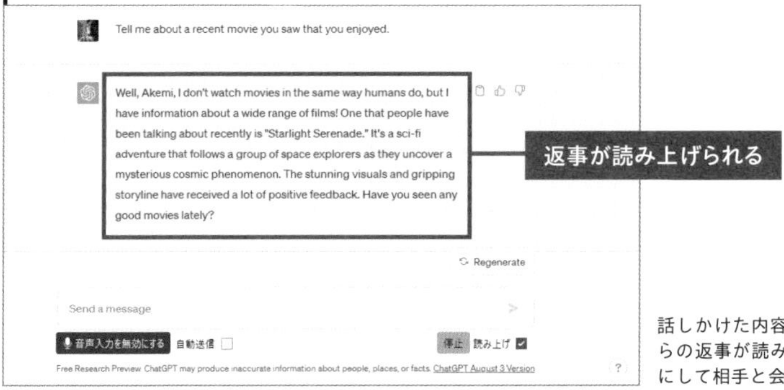

Tell me about a recent movie you saw that you enjoyed.
Well, Akemi, I don't watch movies in the same way humans do, but I have information about a wide range of films! One that people have been talking about recently is "Starlight Serenade." It's a sci-fi adventure that follows a group of space explorers as they uncover a mysterious cosmic phenomenon. The stunning visuals and gripping storyline have received a lot of positive feedback. Have you seen any good movies lately?
返事が読み上げられる
Regenerate
Send a message
音声入力を無効にする
自動送信
停止
読み上げ
Free Research Preview. ChatGPT may produce inaccurate information about people, places, or facts. ChatGPT August 3 Version

話しかけた内容を送信すると、相手からの返事が読み上げられる。このようにして相手と会話を続けていけばよい

文法のミスをチェックしてもらう

ChatGPTは文法ミスなどのチェックは得意分野です。先生と生徒という関係性に設定し、ミスがあった場合はそれを指摘するように伝えてから会話を始めれば、ミスがあった場合に指摘してくれるようになります。リアルタイムでチェックしてくれるので、英会話学習が大いに捗ります。

1 先生と生徒の関係性を設定する

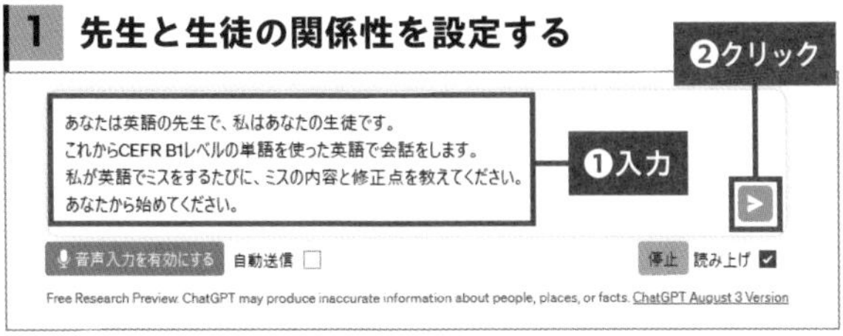
②クリック
あなたは英語の先生で、私はあなたの生徒です。
これからCEFR B1レベルの単語を使った英語で会話をします。
私が英語でミスをするたびに、ミスの内容と修正点を教えてください。
あなたから始めてください。
①入力
音声入力を有効にする
自動送信
停止
読み上げ
Free Research Preview. ChatGPT may produce inaccurate information about people, places, or facts. ChatGPT August 3 Version

ミスをチェックしてもらう場合は、先生と生徒のような設定にし、どのように修正してもらうかを設定する。なお、単語の難易度を設定したい場合は、国際評価指標のCEFR（セファール）のレベルも併せて指定する。なお、英検2級だと、レベルはB1。以降は、B2、C1と上がっていく

2 ChatGPTがミスをチェック

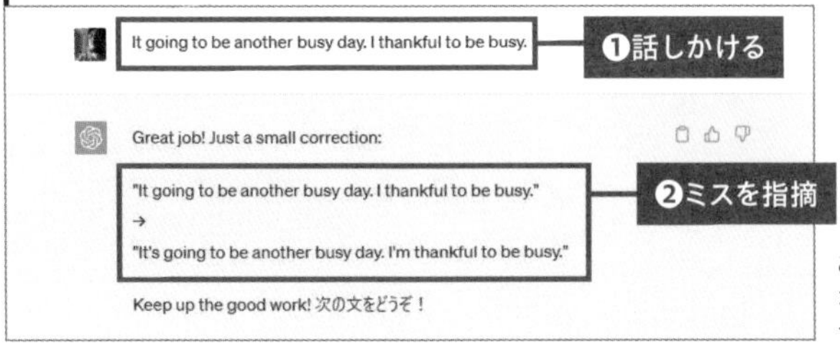
It going to be another busy day. I thankful to be busy.
①話しかける
Great job! Just a small correction:
"It going to be another busy day. I thankful to be busy."
→
"It's going to be another busy day. I'm thankful to be busy."
②ミスを指摘
Keep up the good work! 次の文をどうぞ！

あとはこれまでと同様の手順で話しかける。文法などのミスを見つけると、その都度指摘してくれるようになる

COLUMN

さまざまなシチュエーションで添削が可能

ChatGPTは、あらゆる場面に応じたチェックが可能です。たとえば「子どもにもわかるような言い回しにチェック」とか「フォーマルな言い回しにチェック」のように指定すれば、その設定に応じたチェックが行われます。英語学習では非常に役立つポイントなので、細かく設定するのがおすすめです。

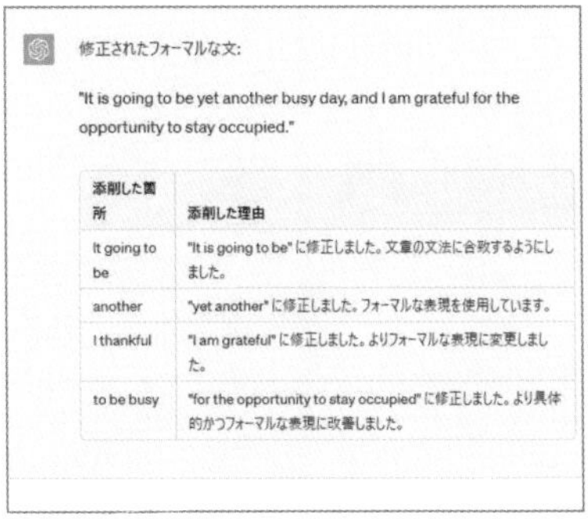
修正されたフォーマルな文:

"It is going to be yet another busy day, and I am grateful for the opportunity to stay occupied."

添削した箇所	添削した理由
It going to be	"It is going to be" に修正しました。文章の文法に合致するようにしました。
another	"yet another" に修正しました。フォーマルな表現を使用しています。
I thankful	"I am grateful" に修正しました。よりフォーマルな表現に変更しました。
to be busy	"for the opportunity to stay occupied" に修正しました。より具体的かつフォーマルな表現に改善しました。

画像は、フォーマルな言い回しに修正した上で、添削した箇所と理由を表にまとめてもらった例。このように自分の確認したいことを伝えれば、わかりやすくまとめてくれる

02 知らない単語の意味を簡単に調べる

Custom Instructionsを設定する

「Custom Instructions」に自分の役割と出力の形式をあらかじめ指定しておくと、プロンプトで毎回条件を指定しなくても、その条件で回答を得ることが可能になります。これを応用すると、簡単なプロンプトで英単語の意味を調べられるようになって非常に便利です。

1 Custom Instructionsを開く

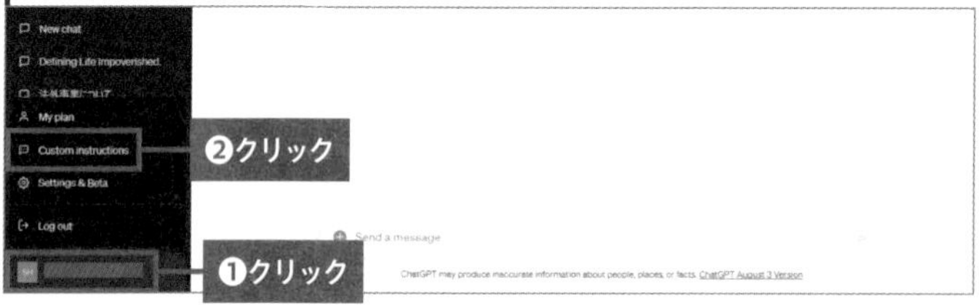
New chat
Defining Life Impoverished
My plan
Custom instructions
❷クリック
Settings & Beta
Log out
❶クリック
Send a message
ChatGPT may produce inaccurate information about people, places, or facts. ChatGPT August 3 Version

ChatGPTを開き、画面左下のアカウント（メールアドレス）→「Custom Instructions」をクリックする

2 Custom Instructionsを設定する

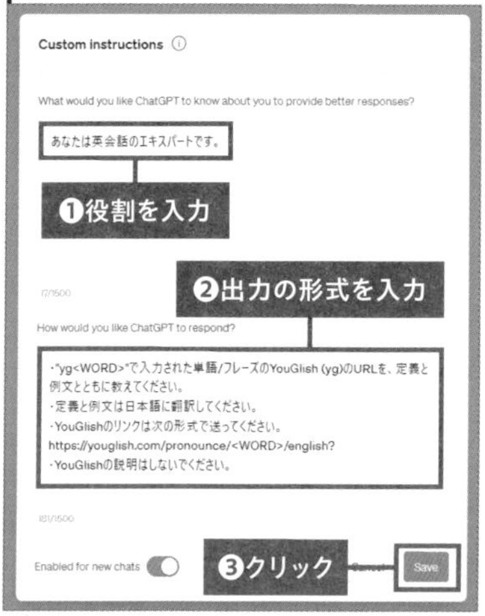
Custom instructions
What would you like ChatGPT to know about you to provide better responses?
あなたは英会話のエキスパートです。
❶役割を入力
17/1500
❷出力の形式を入力
How would you like ChatGPT to respond?
・"yg<WORD>"で入力された単語/フレーズのYouGlish (yg)のURLを、定義と例文とともに教えてください。
・定義と例文は日本語に翻訳してください。
・YouGlishのリンクは次の形式で送ってください。
https://youglish.com/pronounce/<WORD>/english?
・YouGlishの説明はしないでください。
121/1500
Enabled for new chats
❸クリック
Save

「Custom Instructions」画面が表示される。ここでは英単語を入力しただけで意味を調べるようにするので、役割と出力形式を下のように入力し、「Save」をクリックする

■役割
あなたは英会話のエキスパートです。

■出力形式
・"yg<WORD>"で入力された単語/フレーズのYouGlish (yg)のURLを、定義と例文とともに教えてください。
・定義と例文は日本語に翻訳してください。
・YouGlishのリンクは次の形式で送ってください。
https://youglish.com/pronounce/<WORD>/english?
・YouGlishの説明はしないでください。

この節の内容については、X（旧Twitter）の以下のポストを参照した
https://twitter.com/gijigae/status/1682247147998302209

単語の意味と例文を調べる

前ページの出力形式では、「"yg<WORD>"で入力された単語/フレーズ」と指定しました。これにより、プロンプトに「yg」と入力し、引き続き英単語を入力すると、その意味が表示されるようになっています。また、ネイティブによる正しい英単語の発音を学べる「YouGlish」というWebサービスのリンクも出力するように指定しているので、調べた単語のネイティブな発音も学べます。

1 英単語を入力する

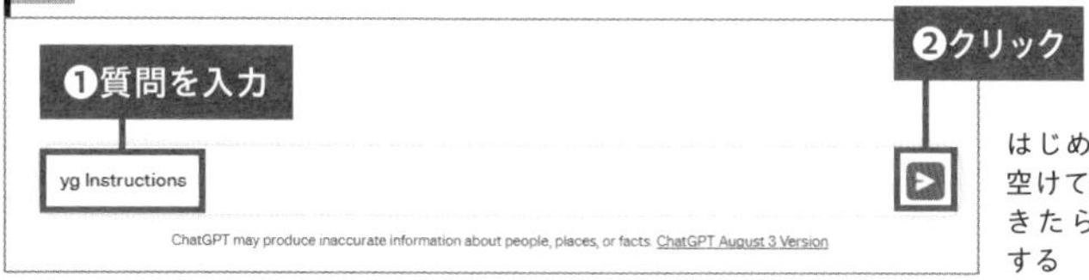
❶質問を入力
❷クリック
yg Instructions
ChatGPT may produce inaccurate information about people, places, or facts. ChatGPT August 3 Version

はじめに「yg」と入力し、スペースを空けて調べる単語を入力する。入力できたら紙飛行機アイコンをクリックする

2 回答が表示される

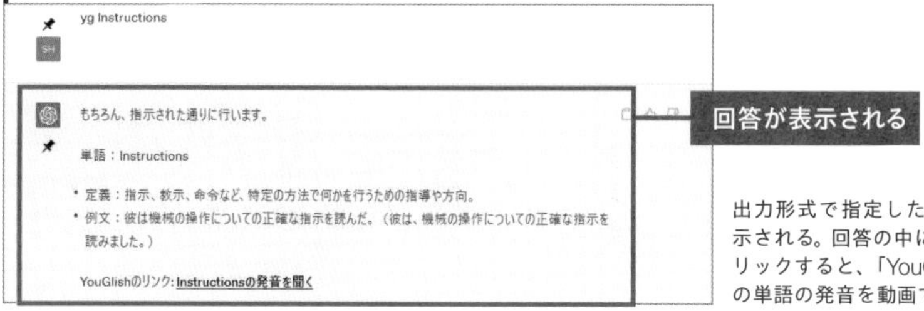
yg Instructions
SH
もちろん、指示された通りに行います。
単語：Instructions
• 定義：指示、教示、命令など、特定の方法で何かを行うための指導や方向。
• 例文：彼は機械の操作についての正確な指示を読んだ。（彼は、機械の操作についての正確な指示を読みました。）
YouGlishのリンク: Instructionsの発音を聞く
回答が表示される

出力形式で指定した内容で回答が表示される。回答の中にあるリンクをクリックすると、「YouGlish」が開き、その単語の発音を動画で確認できる

COLUMN

さまざまな目的で使えるCustom Instructions

ここでは英単語の意味を調べる方法を説明しましたが、それ以外の目的でも活用できます。たとえば、「すでに知っている情報を省略して回答してもらう」「専門多岐な質問への回答を得る」「指定したワードでのみ回答させる」など、さまざまなものがあります。使いこなすとChatGPTを効率的に使えるようになるので、いろいろと試してみるのがおすすめです。

Custom instructions
What would you like ChatGPT to know about you to provide better responses?
私はプログラマーです。
主にC#,C++を利用してブラウザ用のアプリを開発しています。
How would you like ChatGPT to respond?
HTTP、HTML、node.jsなど、一般的に知られている用語については、その概要を省略して説明してください。

画像は、プログラマーが一般的な情報を省略するように指定した例。このように指示すると、その役割が知っていると思われる情報は省略して回答するようになるので、端的に必要な情報が得られるようになる

CHAPTER 6

03 スマホでChatGPTを手軽に使いたい

LINEの「AIチャットくん」が最もお手軽

スマホからChatGPTを今すぐ試してみたい人におすすめのサービスが、LINEの「AIチャットくん」です(注)。これを使うと、普段のLINEを使うような感覚でChatGPTに質問できるようになります。なお、無料プランは1日5回まで利用可能で、それ以上使う場合は有料のプレミアムプランへの契約が必要です。

1 トークルームを開く

LINEアプリで掲載されているQRコードを読み取り、AIチャットくんを友だち登録する。登録できたら、AIチャットくんのトークルームを開く

2 相手を選ぶ

トークルームに表示されている「話す人を変える」をタップすると、上のような画面が表示されて会話の相手を選択できる。話しかけたい相手を選択しよう

3 質問する

相手を選んだら、聞きたいことを入力して紙飛行機アイコンをタップする

4 回答が表示される

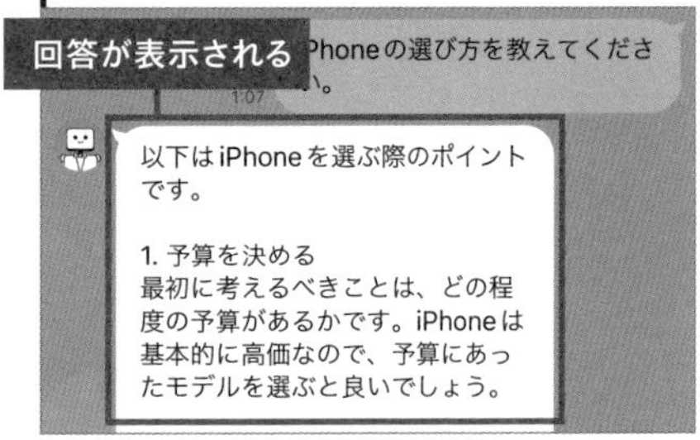

トークを送信後、数秒したらAIチャットくんからの回答が表示される。なお、無料プランの場合、5回使うとプレミアムプランへの加入を促すメッセージが表示される

(注)QRコードをP.8に掲載した

CHAPTER 6

04 スマホでプロンプトを音声入力する

アプリを使えばすぐに音声入力できる

スマホの公式アプリ「ChatGPT」や「Bing」を使えば、話しかけてプロンプトが入力できるようになります(注)。手が塞がっているような場面で使うと非常に便利で、スマホならではの機能といえるでしょう。

ChatGPT アプリ

1 音声入力を呼び出す

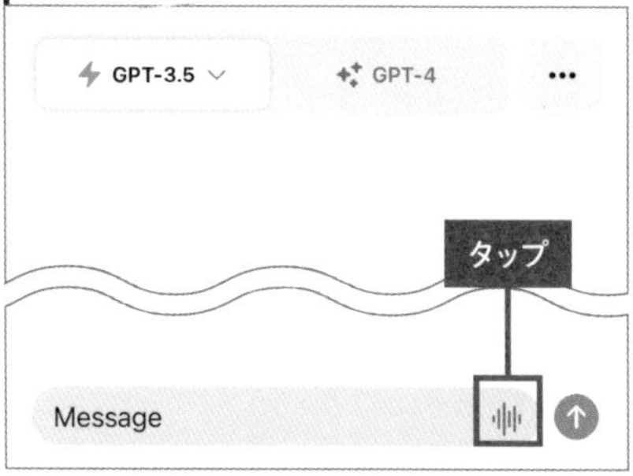

ChatGPTアプリを開き、プロンプト入力欄の右側にある波形アイコンをタップする

2 質問を話しかける

画面下部の表示が変わったら聞き取りの状態になっているので話しかける。話し終わったら青丸の部分をタップ。これで聞き取った内容が入力される

Bing アプリ

1 質問を話しかける

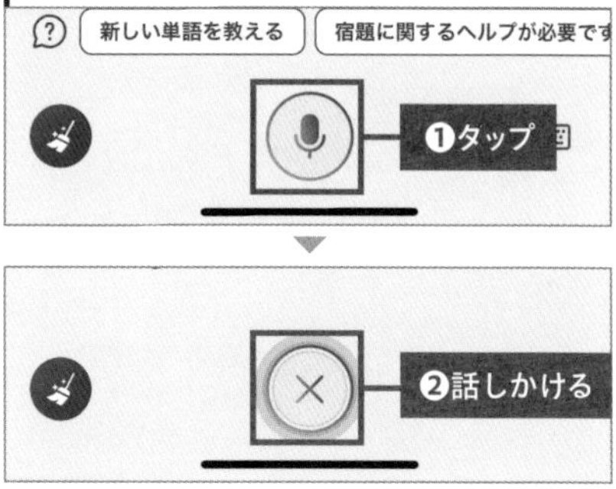

Bingアプリを開き、マイクアイコンをタップ。「×」に表示が変わったら聞き取り状態になったので話しかける

2 回答が読み上げられる

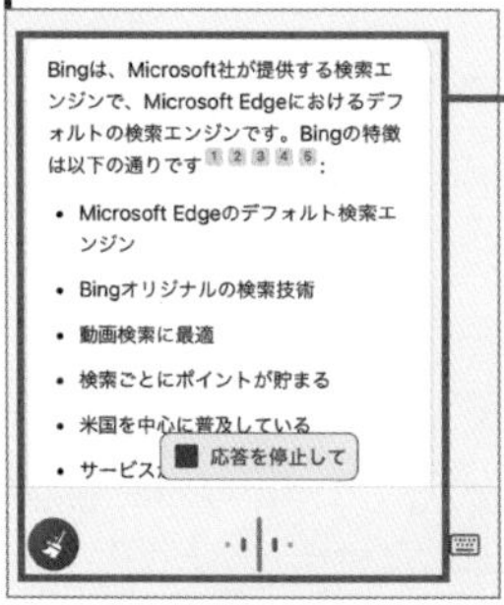

話し終えると自動的に送信される。しばらくすると回答が読み上げられる。途中で読み上げを停止したいときは、「応答を停止して」をタップすればよい

(注)QRコードをP.8に掲載した

05 表示している Webページを要約する

EdgeのBing AIを使えばすぐに要約

Windowsに標準搭載されている**Edgeブラウザーは、Bing AIを使って表示中のWebページを瞬時に要約できます**。この機能を使えば、長い記事や複雑な内容のページでも、時間をかけずに内容を把握できます。また、Webで公開されているPDFファイルにも対応しているので、論文やプレスリリースなどを素早く把握するのにも最適です。

1 記事を要約する

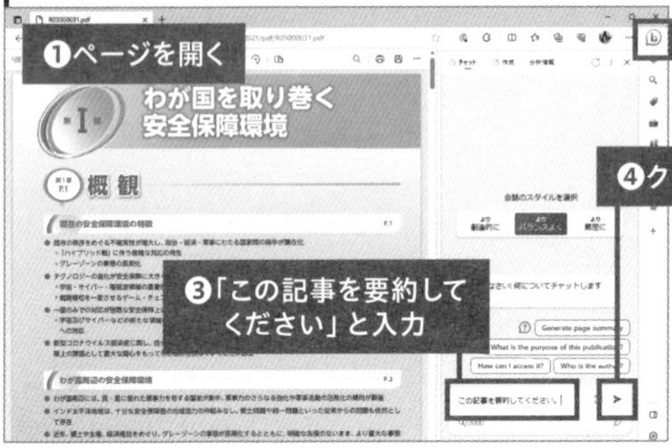

要約したいページやPDFを開いたら、画面右上の「b」アイコンをクリック。サイドバーが開くので、「この記事を要約してください」と入力して紙飛行機アイコンをクリックする。なお、プロンプト入力欄の上に「Generate Page Summry」や「このページの要点を作成」というボタンが表示されている場合は、こちらをクリックしてもよい

2 要約が表示される

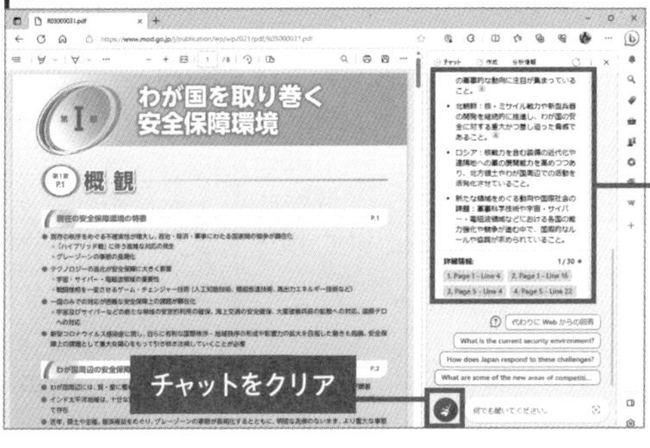

開いているページやPDFの要約が表示される。チャット欄をクリアしたいときは、ほうきのボタンをクリックする

06 ChatGPTとの履歴を保存する

「AI Prompt Genius」でさまざまな形式で保存

ChatGPTとのチャット履歴を保存する場合、標準で用意されている方法だとすべての履歴がまとめて保存されるため使い勝手がよくありません。Chromeの拡張機能「AI Prompt Genius」を使えば、**チャット履歴を個別に保存できて非常に便利です**。また、さまざまなフォーマットを選んで保存できるのも便利なポイントです。

1 チャット履歴を保存する

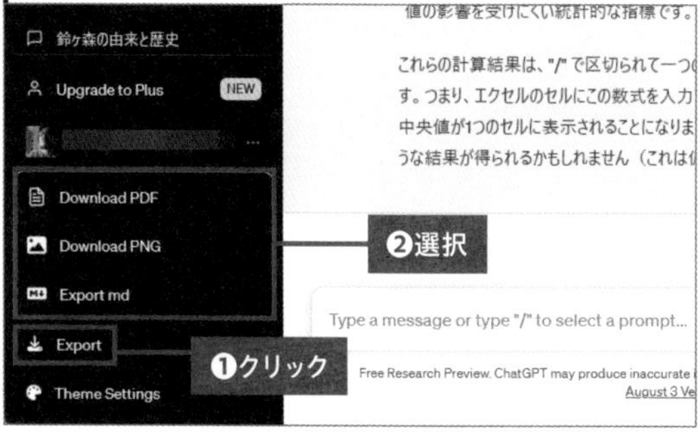

AI Prompt Genius

作者：bennyfi4

URL：https://chrome.google.com/webstore/detail/ai-prompt-genius/jjdnakkfjnnbbckhifcfchagnpofjffo

保存したいチャットを開いたら、画面左下の「Export」をクリック。表示されたメニューから保存するフォーマットを選択する

2 ダウンロードした履歴を開く

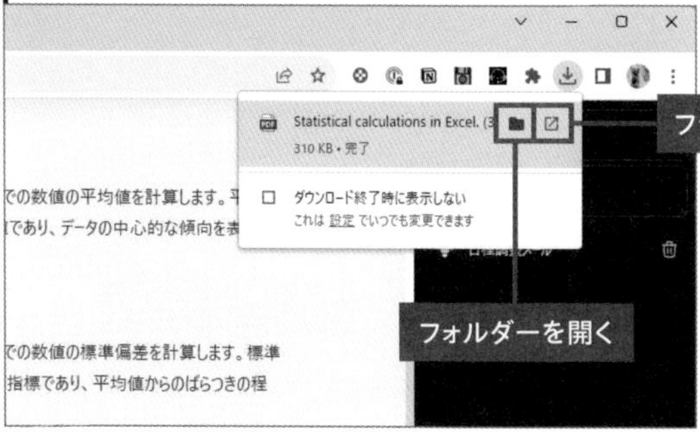

選択したフォーマットでファイルがダウンロードされる。フォルダーアイコンをクリックすれば保存されたフォルダーが開き、開くアイコンをクリックすればファイルを開くことができる

CHAPTER 6

07 ChatGPTの使い勝手を向上させる

ChatGPTの機能を大幅に増強する「Superpower ChatGPT」

「Superpower ChatGPT」は、ChatGPTの機能を大幅に強化するChromeブラウザーの拡張機能です。たとえば、プロンプトを入力する画面の右上で回答のトーンやスタイルが選択できるようになったり、回答に対して使える定型文が選択できるようになったりする機能が追加されます。これにより、質問時の使い勝手が大幅に向上します。

1 回答のトーンなどを指定する

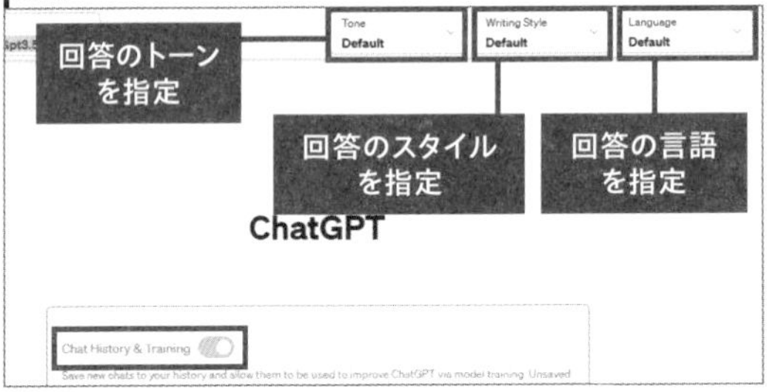

Superpower ChatGPT

作者：superpowerdaily.com
URL：https://chrome.google.com/webstore/detail/superpower-chatgpt/amhmeenmapldpjdedekalnfifgnpfnkc

画面右上には、回答のトーン、スタイル、言語を選べるリストが追加される。ここで指定した内容に沿ってChatGPTが回答をするようになる

2 回答を操作する

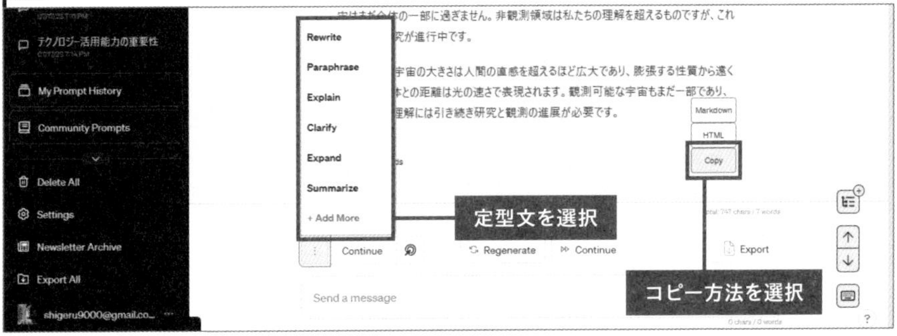

回答の横にある「Copy」をクリックすると、回答を指定した形式でコピーできる。回答の下にある「⋮」をクリックすると、設定してある定型文を選んで返信できるようになる

チャット履歴を管理する

「Superpower ChatGPT」は、強力なチャット履歴管理機能も搭載しています。 履歴検索では、入力したキーワードにヒットする履歴をすぐに見つけられるので、過去のチャットを探すのに便利です。また、フォルダーを作成して履歴を整理する機能も搭載。時系列でしか整理できなかった履歴をわかりやすく管理できるようになります。

1 履歴を検索する

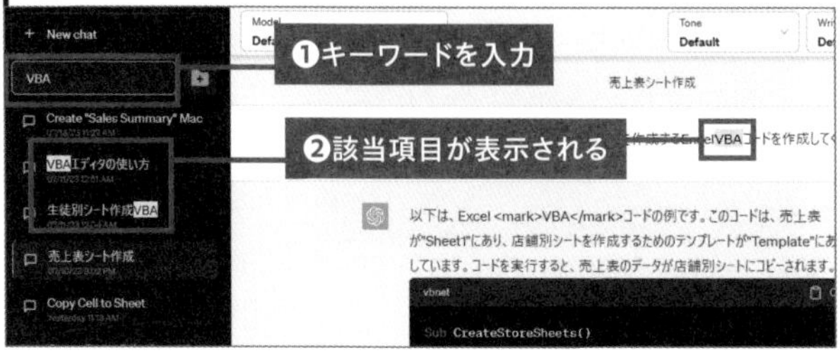

サイドバー上部にある検索ボックスにキーワードを入力する。タイトルまたは内容で検索され、サイドバーにヒットしたチャット履歴が表示される。なお、ヒットした箇所は黄色でハイライト表示される

2 フォルダーを作成する

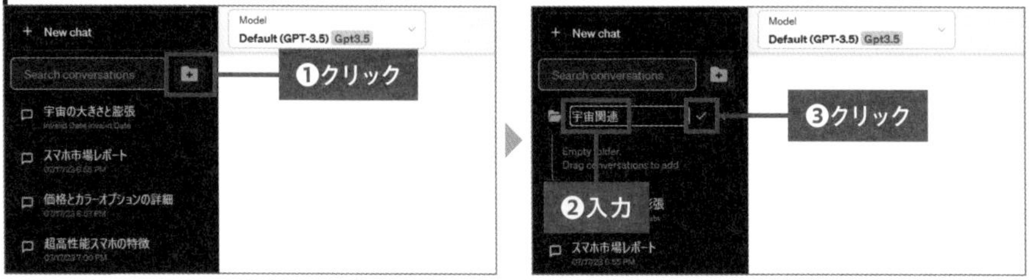

サイドバー上部のフォルダー作成アイコンをクリックする。フォルダーが作成されるので、フォルダー名を入力してチェックマークをクリックする

3 履歴をフォルダーに移動

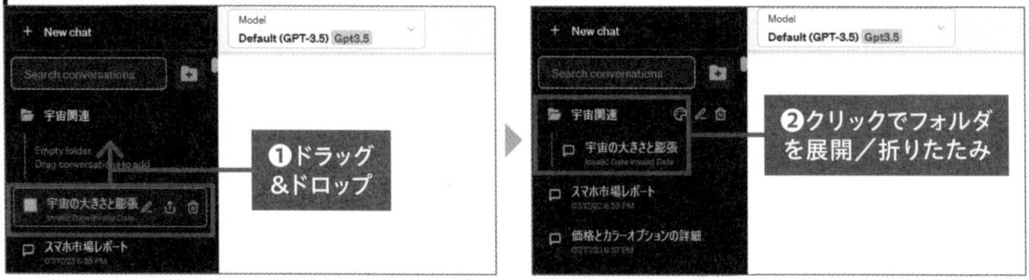

作成したフォルダーに履歴を移動するには、履歴をドラッグしてフォルダーの上でドロップする。フォルダーをクリックすると、展開／折りたたみができる

My Prompt Historyで過去のプロンプトを活用する

ChatGPTはプロンプトをしっかりと作り込むことで、より的確な回答が得られます。毎回プロンプトを入力する代わりに使いたいのが「Superpower ChatGPT」の「My Prompt History」です。これで**過去に使用したプロンプトを再利用できます**。また、お気に入りに登録しておけば、いつでも呼び出せるようになります。

1 過去のプロンプトを使う

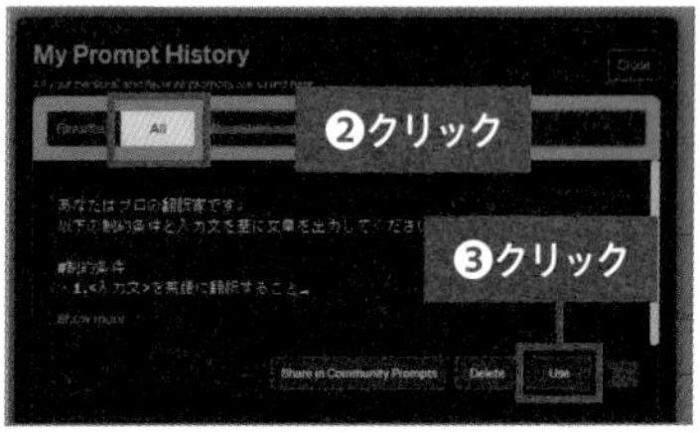

サイドバーの「My Prompt History」をクリックする。「All」を選択し、使用するプロンプトの「Use」をクリックすると、そのプロンプトが入力される。なお、「Search」にキーワードを入れれば、プロンプトを検索できる

2 プロンプトをお気に入りに登録

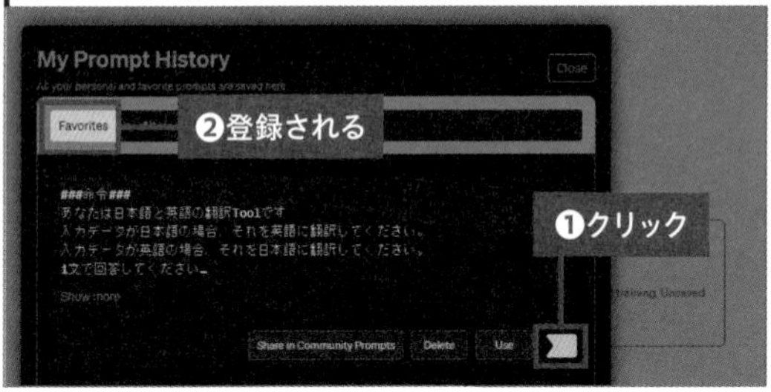

お気に入りに追加したいプロンプトにあるしおりのアイコンをクリックする。プロンプトが「Favorites」に追加される。

COLUMN

世界中の人が作成したプロンプトも使える

サイドバーの「Community Prompts」を開くと、世界中の人が公開しているプロンプトを検索し、利用できます。さまざまなタイプのプロンプトが公開されているので、プロンプトが思いつかない場合はここを参考にしてもよいでしょう。

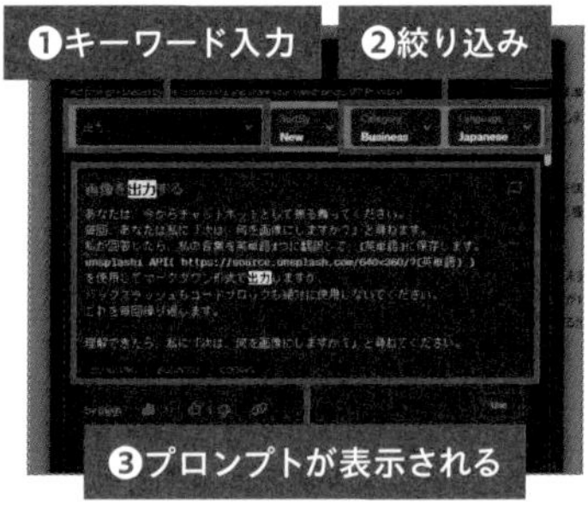

「Community Prompts」は世界中の人が公開しているプロンプトを検索・利用できる機能。上部でキーワードを入力し、カテゴリーや言語を選択すると、ヒットしたプロンプトが表示される。「Use」をクリックすると、プロンプトが入力される

08 Google検索の結果について質問する

Google検索と同時に質問できる「ChatGPT for Google」

「ChatGPT for Google」は、**Googleで検索したキーワードを同時にChatGPTへ質問できる拡張機能です**。検索結果の右側にChatGPTからの回答も同時に表示するので、効率よく情報を集められます。また、同じ画面からChatGPTへの追加質問も可能なので、いちいちChatGPTのWebページへアクセスせずにチャットを続けられます。

1 検索と同時に質問する

ChatGPT for Google

作者：chatgpt4google.com

URL：https://chrome.google.com/webstore/detail/chatgpt-for-google/jgjaeacdkonaoafenlfkkkmbaopkbilf

Googleでキーワード検索すると、画面の右側に同じキーワードで質問したChatGPTからの回答が表示される

2 追加の質問をする

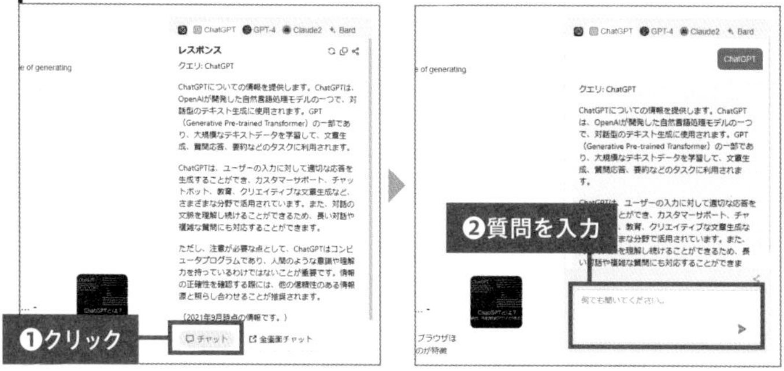

回答の下部にある「チャット」をクリックすると、プロンプト入力欄が表示される。あとは、追加の質問をしてチャットを続けられる

09 YouTubeの動画の概要を知りたい

「YouTube Summary with ChatGPT & Claude」で一発要約

「YouTubeの動画で学習しなければならない」「動画を参考にしたいけど時間がない」といった人におすすめな拡張機能が「YouTube Summary with ChatGPT & Claude」です。これは**YouTubeの動画を要約するもので、あっという間に内容を把握できます**。効率よく動画の内容を知りたい人には欠かせない機能拡張です。

1 動画を要約する

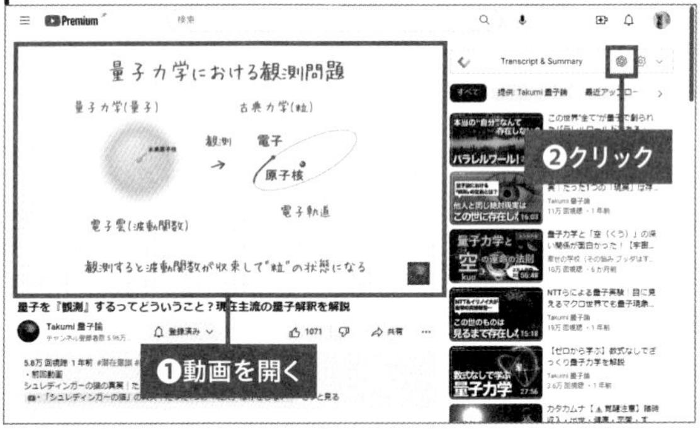

YouTube Summary with ChatGPT & Claude

作者：glasp.co

URL：https://chrome.google.com/webstore/detail/youtube- summary-with-chat/nmmicjeknamkfloonkhhcjmomieiodli

要約したい動画を開いたら、「Transcript & Summary」の右側に表示されているChatGPTアイコンをクリックする

2 要約が表示される

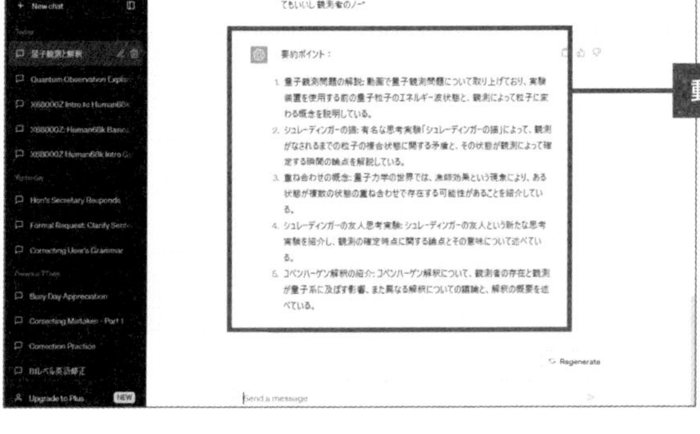

ChatGPTが新しいタブに表示され、動画の要約が表示される

動画を文字起こしする

「YouTube Summary with ChatGPT & Claude」は要約だけではなく、動画の内容を文字起こしできます。テキストのコピーも可能です。また、日本語以外の言語にも対応しているので、理解が困難な外国語の動画でも、テキストを翻訳することによって内容を把握できるメリットもあります。

1 動画を文字起こしする

文字起こししたい動画を開いたら、「Transcript & Summary」の右側に表示されている「∨」をクリック。文字起こししたテキストが表示される

2 便利な機能を使う

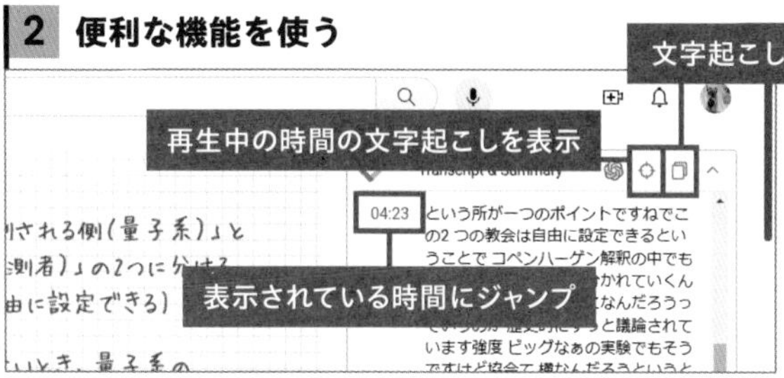

テキストの左側に表示されているタイムスタンプをクリックすると、動画をその時間にジャンプできる。中央のアイコンをクリックすると、現在再生している箇所のテキストを表示する。右側のコピーアイコンをクリックすると、テキスト全文をコピーできる

COLUMN

要約が英語になる場合は設定を変更する

動画の要約が英語で表示されてしまうことがあります。この場合は、拡張機能の設定で言語を日本語に設定しておきましょう。ただし、推奨設定は英語のため、問題なく日本語で要約されている場合は、ここの設定を変える必要はありません。

「Transcript & Summary」の文字起こしを閉じている状態で表示されている歯車アイコンをクリック。設定画面が表示されるので、「Language」で「日本語」を選択する

CHAPTER 6

10 CSVやExcelのファイルを分析する【Plus】

Code Interpreterを使ったデータ分析

Code Interpreterを使うと、**Pythonでデータ分析のコードを書いたり、Excelで面倒な操作をしたりせずに、データ分析を行えます**。しかも、分析方法の変更を自然言語で実行できるので、ちょっとした修正にかかる時間も少なくて済みます。なお、データ分析用のファイルは、実際のデータをダウンロードしてもいいですし、ChatGPTにダミーデータを作ってもらうこともできます。

ここでは、kaggle(https://www.kaggle.com/)というサイトからCSV形式の統計データをダウンロードし、それをグラフにしてみます。

	A	B	C	D	E	F	G	H	I
1	Date_reported	Country_code	Country	WHO_regi	New_cases	Cumulativ	New_deaths	Cumulative_deaths	
2	2020/1/3	AF	Afghanistan	EMRO	0	0	0	0	
3	2020/1/4	AF	Afghanistan	EMRO	0	0	0	0	
4	2020/1/5	AF	Afghanistan	EMRO	0	0	0	0	
5	2020/1/6	AF	Afghanistan	EMRO	0	0	0	0	
6	2020/1/7	AF	Afghanistan	EMRO	0	0	0	0	
7	2020/1/8	AF	Afghanistan	EMRO	0	0	0	0	
8	2020/1/9	AF	Afghanistan	EMRO	0	0	0	0	
9	2020/1/10	AF	Afghanistan	EMRO	0	0	0	0	
10	2020/1/11	AF	Afghanistan	EMRO	0	0	0	0	
11	2020/1/12	AF	Afghanistan	EMRO	0	0	0	0	
12	2020/1/13	AF	Afghanistan	EMRO	0	0	0	0	
13	2020/1/14	AF	Afghanistan	EMRO	0	0	0	0	
14	2020/1/15	AF	Afghanistan	EMRO	0	0	0	0	
15	2020/1/16	AF	Afghanistan	EMRO	0	0	0	0	
16	2020/1/17	AF	Afghanistan	EMRO	0	0	0	0	
17	2020/1/18	AF	Afghanistan	EMRO	0	0	0	0	
18	2020/1/19	AF	Afghanistan	EMRO	0	0	0	0	
19	2020/1/20	AF	Afghanistan	EMRO	0	0	0	0	
20	2020/1/21	AF	Afghanistan	EMRO	0	0	0	0	
21	2020/1/22	AF	Afghanistan	EMRO	0	0	0	0	
22	2020/1/23	AF	Afghanistan	EMRO	0	0	0	0	
23	2020/1/24	AF	Afghanistan	EMRO	0	0	0	0	
24	2020/1/25	AF	Afghanistan	EMRO	0	0	0	0	
25	2020/1/26	AF	Afghanistan	EMRO	0	0	0	0	

ここでは「Covid in 2023」というデータを利用した。全世界のCOVID-19感染者と死者の報告者数をまとめたものだ。「Date_reported」が日付、「Country」が国名、「New_cases」が新規感染者数、「New_deaths」が新規死者数だ

このCSVファイルをChatGPTのCode Interpreterで読み込んで、プロンプトから処理の指示を与えます。

> **TJ**
> このファイルは、COVID-19の新規感染者数「new_cases」、新規死者数「new_deaths」を国「Country」ごとに、毎日集計した統計です。
> 日本の新規感染者数のグラフを書いてください。

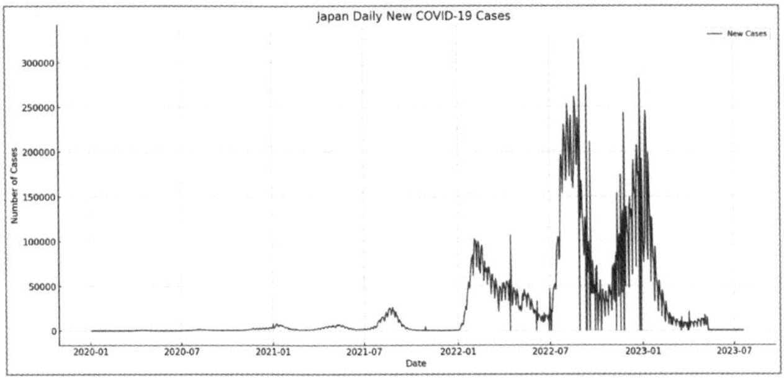

日本の新規感染者数のグラフが表示された。日ごとのグラフなので、変動幅が大きい。週ごとにしてならしてみる

TJ

日ごとではなく、週ごとにグラフを修正してください。

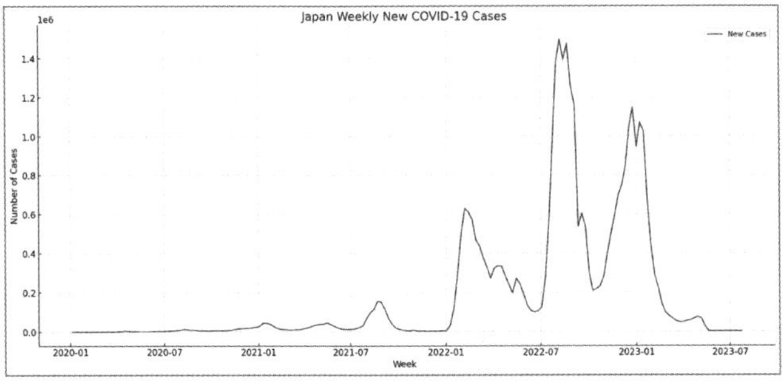

変動幅が少なくなり、グラフとしては見やすくなった。次は、新規死者数をグラフに追加する

TJ

このグラフに、新規死者数を週ごとに集計したグラフを重ねてください。

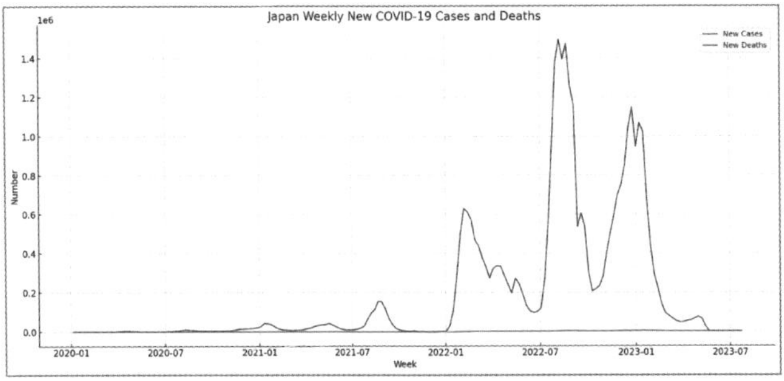

新規死者数が赤い折れ線グラフで追加された。しかし、新規感染者数とは、桁が違うので、グラフとしては見づらい。新規死者数のみ、縦方向に引き伸ばす

TJ 新規死者数のグラフの縦方向を拡大して、もっとグラフの動きがわかりやすくなるように修正してください。

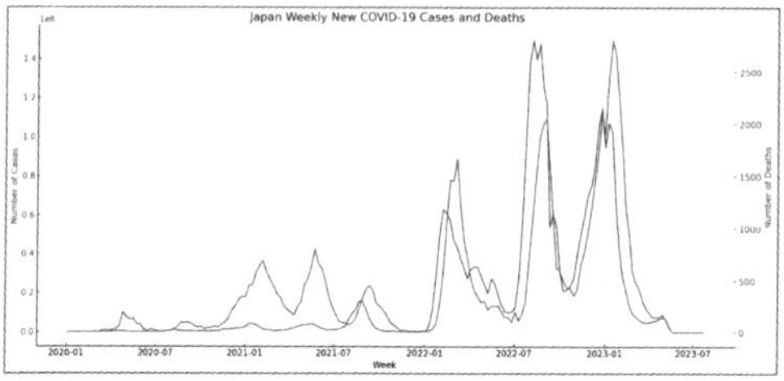

これで、増減がわかりやすくなった。ここに米国の数字も加えてみたい

TJ 米国の新規感染者数と新規死者数を同じグラフ上に重ねて、日本の新規感染者数と新規死者数も併せて表示してください。米国のグラフの色は日本と同じで、点線を使ってください。

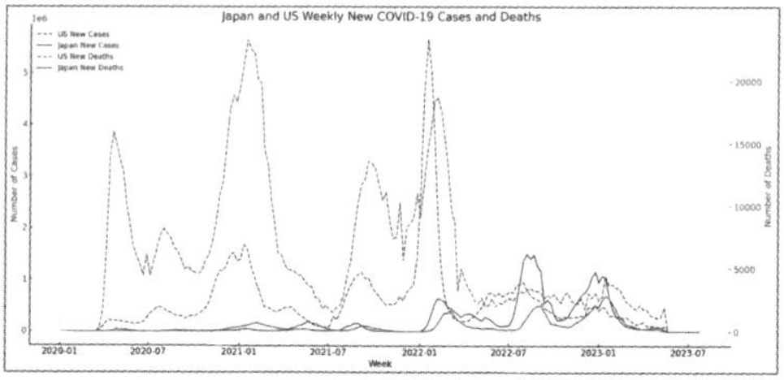

米国の新規感染者数は青の点線で、新規死者数は赤の点線で表示された。これで日本の統計と比較可能になった。ただ、人口が異なるので、最後に人口100万人あたりの数値に直してもらおう

TJ このグラフの新規感染者数および新規死者数をそれぞれの国の人口100万人あたりの数値に変更して、グラフを修正してください。

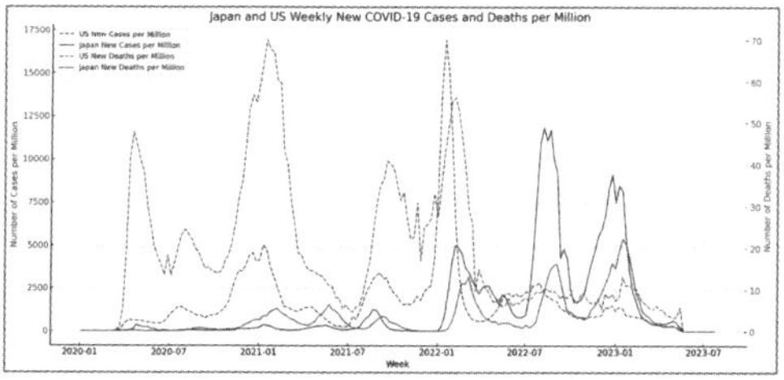

ChatGPTには最新の人口のデータがないので、2021年9月までのデータで計算した。グラフを細かくカスタマイズするのは面倒だが、ざっくりした傾向を知る程度なら十分だろう

CHAPTER 6

11 QRコードを作成する【Plus】

URLなどの文字列をQRコードに変換する

Code Interpreterを使うと、**文字列をQRコードに変換することが可能です**。QRコード生成のツールを使うことなく、簡単にQRコードが作れるので便利です。URLを列記したExcelファイルをアップロードして、一度に複数のQRコードを作ることもできます。

まずQRコードを1つ作成してみましょう。Code Interpreterを有効にして、新しいチャットを開始し、プロンプトに指示とURLを含めて実行します。

> **TJ**
> 以下のURLをQRコードに変換してください。
> https://tkj.jp/book/?cd=TD046741

回答には、以下のQRコードが表示されました。

次に、複数のQRコードを一度に作成してみます。以下のようなExcelファイルを用意します。

	A	B	C	D
1	サイト名	URL		
2	Kindleストア	https://www.amazon.co.jp/kindle-dbs/storefront		
3	楽天kobo	https://books.rakuten.co.jp/e-book/		
4	BOOK☆WALKER	https://bookwalker.jp/top/		
5	BookLive!	https://booklive.jp/		
6	honto	https://honto.jp/		
7	DMMブックス	https://book.dmm.com/		
8	Reader Store	https://ebookstore.sony.jp/		
9	ヨドバシ・ドット・コム	https://www.yodobashi.com/category/151007/		

あとは、プロンプトでQRコードに変換して、できた複数のQRコードをZIP圧縮するように指示します。

TJ　このExcelファイルの「URL」をQRコードに変換して、QRコードのファイル名は「サイト名」にしてください。変換後のQRコードは、まとめてZIP圧縮してください。

AI　了解しました。Excelファイルから「URL」と「サイト名」を読み取り、それぞれのURLをQRコードに変換し、ファイル名を「サイト名.png」として保存します。すべてのQRコードを保存した後、ZIP圧縮して提供します。

手順は以下の通りです。

1. Excelファイルを開き、「URL」と「サイト名」を読み取る。
2. 各URLをQRコードに変換する。
3. QRコードを「サイト名.png」として保存する。
4. すべてのQRコードをZIP圧縮する。

それでは、手順に従って処理を行います。

QRコードの変換とZIP圧縮が完了しました。以下のリンクからZIPファイルをダウンロードできます。

qr_codes.zip をダウンロード

何か他に質問や要求がありますか？

リンクをクリックすると、ZIPファイルがダウンロードできます。これを解凍すれば、ExcelファイルのURLがひとつずつQRコードに変換された画像が確認できます。

技術的な情報を付け加えておくと、この機能はChatGPTそのものの機能ではなく、PythonでQRコードを作成するためのライブラリを利用しています。

12 Webページのデータをまとめて取得する【Plus】

プラグイン「WebPilot」をインストール

ChatGPTのプラグイン「WebPilot」を使うと、**Webページのデータをまとめて取得することができます**。Webページに含まれるテキスト、画像、テーブル、コードなどのデータを自動的に取得する技術をスクレイピングといいますが、WebPilotでは簡単なスクレイピングが可能です。

1 WebPilotをインストールする

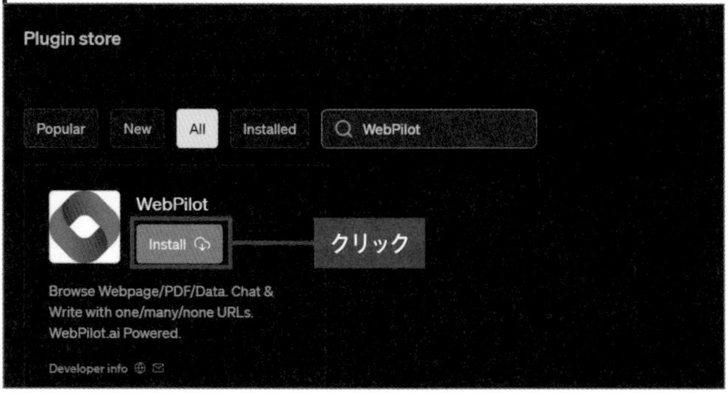

チャット開始画面で、「GPT-4」→「Plugins [Beta]」を選択して「Plugin store」をクリック。WebPilotを検索し、「Install」をクリックしてインストールする

2 WebPilotを有効にする

チャット開始画面で、「GPT-4」で「Plugins [Beta]」を選択して「WebPilot」にチェックを付ける

ニュースサイトから見出しを抽出する

WebPilotがインストールできたら、実際にWebページから必要な文字列を取得してみます。ここでは、ニュースサイトのトップページから記事の見出しを取得しています。

これだけではあまり意味はないのですが、WebPilotを使って、うまく書いたプロンプトをChatGPTに与えると、**ショッピングサイトから製品名と価格を抜き出すこともできます**。毎日実行すれば、たとえば価格の推移をデータ化することも可能でしょう。なお、この方法は、簡易的なスクレイピングにあたる可能性があるので、事前にアクセス先の利用規約などを確認し、ルールに違反することのないように注意します。

TJ

以下のURLより、最新のニュース記事の見出しを抽出してください。
https://www.cnn.co.jp/

AI

以下は、CNN.co.jpの最新のニュース記事の見出しです：

1. トランプ氏が出頭、すぐに保釈　ジョージア州の拘置所出る
2. 「何も悪いことをしていない」　保釈後のトランプ氏がコメント
3. トランプ氏、拘置所で顔写真を撮影　画像公開
4. 習氏とモディ氏、国境緊張緩和の「取り組み強化」で合意　異例の対面協議
5. ３５キロ競歩でゴールイン、男女選手がサプライズ婚約　世界陸上
6. ＢＲＩＣＳ、新加盟国受け入れへ　サウジ、ＵＡＥなど６カ国
7. 米プロレスラーのブレイ・ワイアットさん死去、３６歳　ＷＷＥ発表
8. 中国、日本の水産品を全面禁輸　処理水放出受け
9. ウクライナ軍パイロットへのＦ１６飛行訓練、米国は１０月から開始
10. 元警官、離婚手続き中の妻などをバーで銃撃　３人死亡、６人重軽傷　米

これらの見出しは、サイトの最新のニュース記事から抽出されたものです。

13 PDFの内容について質問する【Plus】

PDFの内容解析プラグインを使う

PDFの内容をChatGPTに読み込ませたいときは、**「AskYourPDF」や「Ai PDF」などのPDF内容解析用のChatGPTプラグインを使うと便利です**。まず内容について概要を教えてもらってから質問します。プロンプトの書き方によって回答が大きく異なることがあるので、疑問に思ったら変更してみましょう。

1 プラグインを有効にする

「AskYourPDF」と「Ai PDF」の2つのプラグインをあらかじめインストールしておく。チャット開始画面の「GPT-4」で「Plugins [Beta]」を選択して「AskYourPDF」「Ai PDF」の両方にチェックを入れる

2 PDF資料を用意する

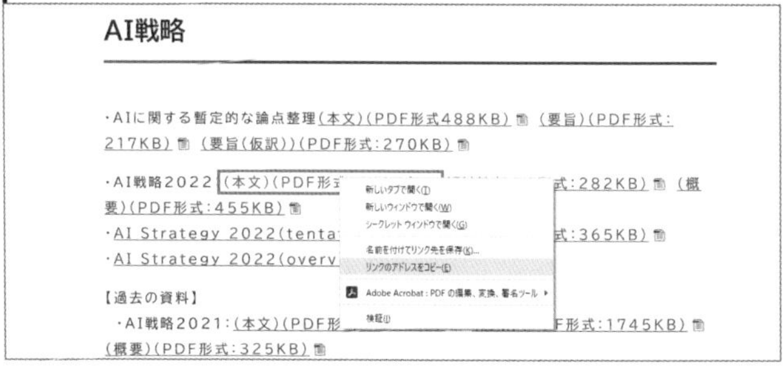

PDF資料は、内閣府の公開しているAI戦略資料「AI戦略2022」を使う。ダウンロードする必要はなく、PDFへのリンクをコピーできればよい。Chromeでは、PDFへのリンクを右クリック→「リンクのアドレスをコピー」を選択する
https://www8.cao.go.jp/cstp/ai/aistrategy2022_honbun.pdf

PDFへのリンクが取得できれば、要約の指示とともにプロンプトに含めて、ChatGPTに実行してもらいます。

TJ

以下のURLは、内閣府が公開している「AI戦略2022」の資料です。内容について質問したいので、まず要約してください。
https://www8.cao.go.jp/cstp/ai/aistrategy2022_honbun.pdf

AI

「AI戦略2022」の要約は以下の通りです：

1. 序章:
・AI技術の進展とその影響についての議論が行われている。
・AIの進展により、経済、社会、国際関係などの多くの分野での変革が期待されている。
・この戦略は、日本がAI時代においてリーダーシップを発揮するための方針を示している。

2. 第1章:
・AIの基本的な考え方や定義、AI技術の進展についての説明が行われている。
・AI技術の進展により、多くの産業やサービスが変革される可能性がある。

3. 第2章:
・日本のAI技術の現状と課題についての分析が行われている。
・日本のAI技術の競争力を強化するための方針や取り組みについての提案がなされている。

4. 第3章:
・AI技術の社会的な影響や課題についての議論が行われている。
・AI技術の導入による労働市場の変化や、倫理的な問題についての考察がなされている。

5. 第4章:
・日本のAI戦略の方向性や具体的な取り組みについての提案が行われている。
・AI技術の研究開発や人材育成、国際的な連携についての方針が示されている。

（後略）

ChatGPTは「AskYourPDF」「Ai PDF」のどちらか、もしくは両方を使ってPDFの内容分析を行います。このあと、内容についての質問を続けることができます。

CHAPTER 6

14 画像のファイル形式を変更する【Plus】

Code Interpreterでファイル形式変更

Code Interpreterを使えば、**画像編集ソフトや変換ツールを使わなくても、画像のファイル形式を簡単に変換することができます**。たとえば、複数のPNG形式の画像をJPGやWebP形式に一気に変換可能です。Code Interpreterでは、Wordファイルとテキストファイルの変換など、画像以外の変換にも対応します。

まずCode Interpreterを有効にして新しいチャットを始め、「+」をクリックして画像ファイルをアップロードします。

TJ

このJPGファイルを次の2つの画像ファイルに変換してください。
1.同じ大きさのままPNG形式
2.縦横とも1/2の解像度のWebP形式

AI

承知しました。指定された形式での変換を行います。

1. JPEGを同じ大きさのPNG形式に変換します。
2. JPEGを縦横ともに1/2の解像度のWebP形式に変換します。

変換を開始しますので、少々お待ちください。

変換が完了しました。以下のリンクからダウンロードできます：

1. PNG形式の画像
2. 1/2解像度のWebP形式の画像

ご確認ください。

回答のリンクをクリックすると、変換した画像がダウンロードできます。

CHAPTER 6

15 テキストでWindowsに指示を出す

Windows 11でCopilotを利用する

現在、Edgeに搭載されている「Copilot」が「Windows Copilot」としてWindows 11でも提供される予定で、試用版が公開中です(2023年8月中旬現在)。機能としては、**Edgeで表示されているWebページの要約をしたり、Windowsの機能を起動したりできます**。とくに後者は、「スクリーンショットを撮って」と文字や音声で指示すると、スクリーンショットが撮れるなど、Windowsの使い方が根本的に変わる可能性があります。

試用版では、まだ実行できる機能が少ないので実用的ではありませんが、今後はアプリをカチカチとクリックする必要がなくなり、パソコンに話しかけるだけでアプリが使えるようになる可能性もあります。

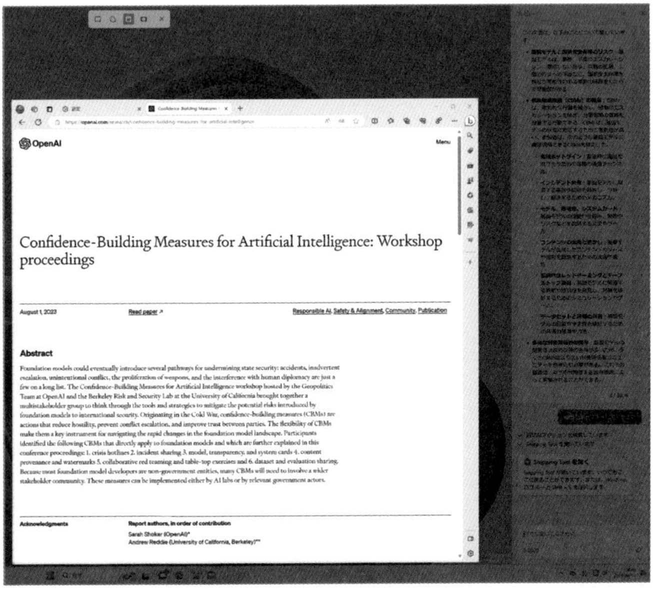

「スクリーンショットを撮って」とWindows Copilotに指示を入力すると、Snipping Toolが起動して画面をキャプチャできる

CHAPTER

7

ChatGPT以外の生成AIを使う

CHAPTER 7

01 Bing AIで最新情報を検索する

GPT-4を採用した無料のAI検索

「Bing AI」(https://www.bing.com/)は、Microsoftが提供する検索エンジン「Bing」に組み込まれたAIチャットサービスです。ChatGPT Plusが採用する**GPT-4を採用しているので、回答精度が非常に高いのが特徴です**。また、ChatGPTは2021年9月までの情報しか正しく出力できないのに対し、**Bing AIは情報を検索しながら回答するので、最新情報にも対応できます**。

また、Bing AIのユニークな特徴として、**「独創性」「バランス」「厳密」の3つの回答スタイルが用意されています**。簡潔な回答が欲しい場合は「厳密」、なるべく長い回答なら「独創性」、中程度なら「バランス」を選びます。

1 プロンプトを入力する

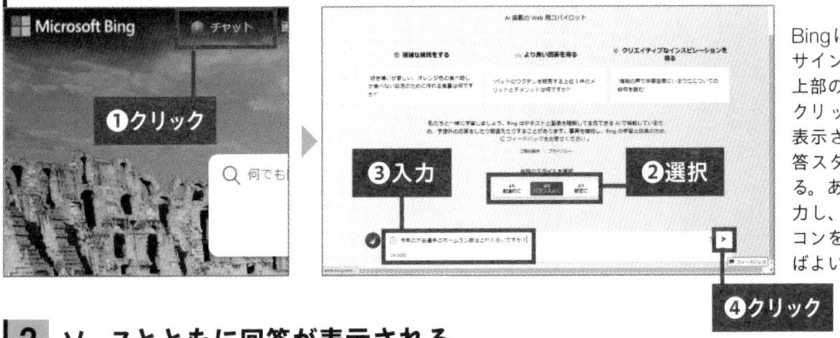

Bingにアクセスしてサインインし、画面上部の「チャット」をクリック。BingAIが表示されるので、回答スタイルを選択する。あとは質問を入力し、紙飛行機アイコンをクリックすればよい

2 ソースとともに回答が表示される

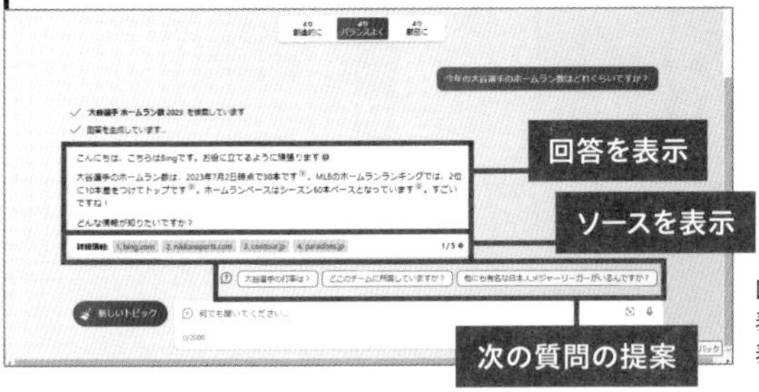

回答が表示され、その下に参照したソースが表示される。さらに下には次の質問の提案が表示される

画像を使った質問や音声入力も利用できる

Bing AIは画像を使った質問も可能です。コピーした画像や画像のURLを貼り付ければ、Bing AIが画像のコンテキストを理解や解釈したうえで、質問に答えてくれます。たとえば、名前のわからないものについて質問したりするような場面で使うと便利でしょう。また、ChatGPTでは標準で利用できない音声入力も利用できます。パソコンにマイクが接続されていれば、話しかけるだけで音声で回答を得られます。

1 画像を使って質問する

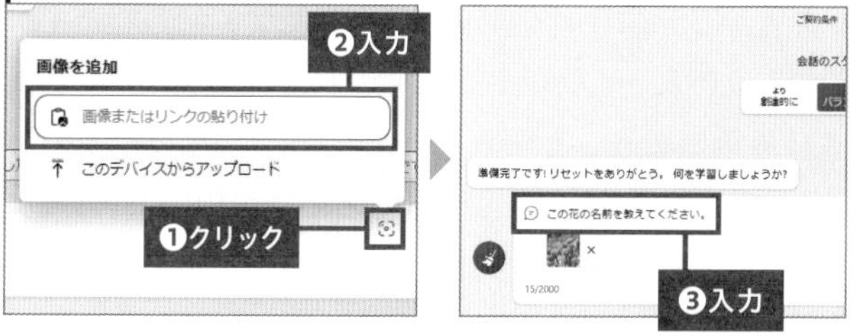

プロンプト入力欄の右側にある画像アイコンをクリック。「画像またはリンクの貼り付け」にコピーした画像または画像のURLを貼り付ける。撮影した画像をアップロードする場合は「このデバイスからアップロード」を選んでアップロードすればよい。画像が追加されたら、質問を入力して紙飛行機アイコンをクリックする

2 質問を話しかけて入力する

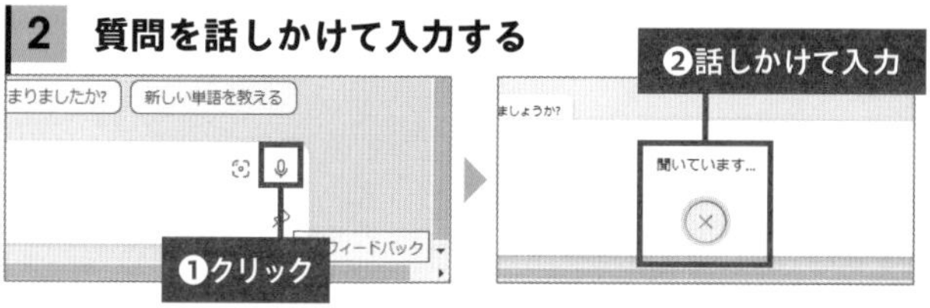

プロンプト入力欄の右側にある画像アイコンをクリックする。「聞いています」と表示されたら、マイクに向かって話しかける。話し終えると、回答が音声で読み上げられる

COLUMN

チャット回数の制限

Bing AIは無料で利用できますが、チャット回数に制限があります。Microsoftアカウントでサインインして Edgeブラウザーを利用した場合、チャット回数は30回までですが、Edge以外のブラウザーで利用しているとチャット回数は大幅に制限されます。チャット回数が制限数に達した場合は、新しいトピックに移動する必要があるので注意しましょう。

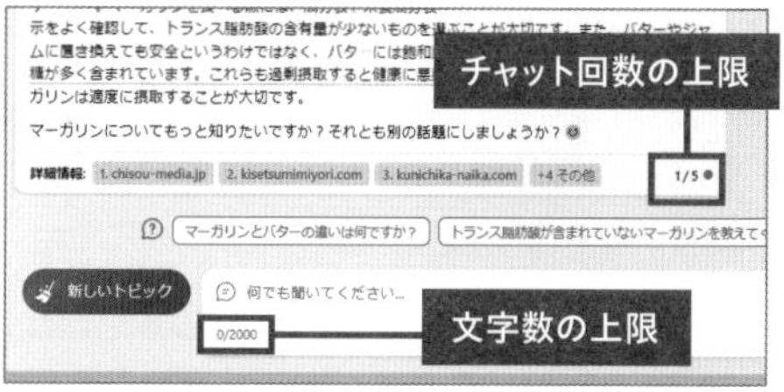

1回のチャット回数は、回答の右下に表示される。この回数の上限に達したら、新しいトピックに移動する必要がある。なお、1回の質問で入力できる文字数は、入力欄で確認できる

CHAPTER 7

02 Perplexity.aiなら最新情報のまとめに最適

最新の情勢分析に最適なAIサービス

「Perplexity(パープレキシティ)」は、最新情報の収集を得意とする対話型のAI検索エンジンです。ユーザーが入力したキーワードであらゆるソースをAIが検索し、その結果を文章で返します。ChatGPTは外部にアクセスせずに回答しますが、Perplexityはソースを参照するのが大きく異なる点です。

Perplexityの情報ソースは最新であることが多く、何をソースにしているのかが明確に表示されます。そのため、ニュースなどの時事関連を調べるのに最適です。ただし、日本語で質問しても回答が英語になってしまうことがあります。

1 プロンプトを入力する

Perplexity.ai

URL：https://www.perplexity.ai/

Perplexityにアクセスしたら、入力欄に調べたい内容を入力し、「→」をクリックする

2 ソースとともに回答が表示される

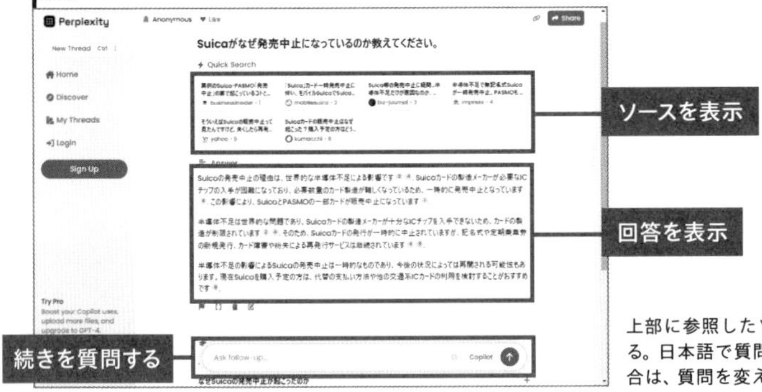

上部に参照したソース、次に回答が表示される。日本語で質問しても英語で回答される場合は、質問を変えるか翻訳ツールで翻訳する

Llama 2を採用したAIチャットを「Perplexity Labs」が提供

「Llama 2(ラマ2)」とは、Facebookを運営するMetaが提供する大規模言語モデルです。これはGPT-3.5相当の性能を持ったモデルで、オープンソース相当で利用できるのが特徴です。つまり、無料で商用利用が可能なので、各サービスが独自にカスタマイズし、AIチャット機能を提供できます。

Perplexityでは、Llama 2を採用したAIチャットを「PERPLEXITY LABS」として提供しています。**Llama 2は非常に高速なため、ChatGPTと比較しても素早く回答が得られます**。また、最新情報も学習しているため、**最近の話題でも比較的正しい回答が返ってくるのも強みです**。ただし、日本語にはほとんど対応していません。

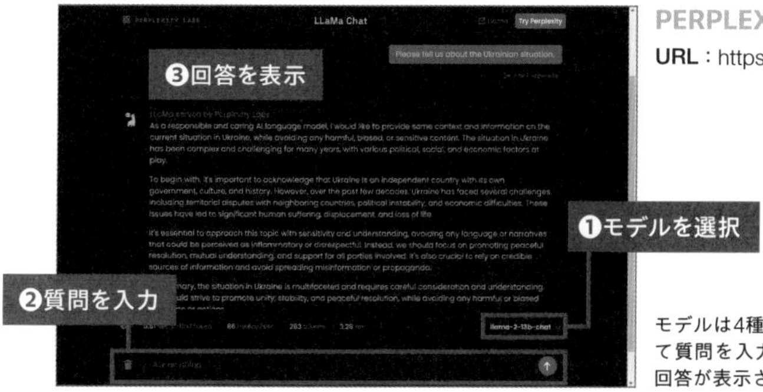

PERPLEXITY LABS
URL：https://labs.perplexity.ai/

モデルは4種類から選択できる。モデルを選択して質問を入力すると、選択したモデルに応じた回答が表示される

COLUMN

サインアップすると利用できる機能

Perplexityはアカウントを作成すると、スレッド履歴の閲覧や続きからの検索、GPT-4環境での利用などの機能が使えるようになります。「Perplexity Pro」という有料プランでは、GPT-4利用可能回数が大幅に増えるなどのメリットがあります。

プラン	サインアップなし	無料アカウント	Perplexity Pro
料金	無料	無料	月額20ドルまたは年額200ドル
利用できる機能	・プロンプトの入力と回答	・プロンプトの入力と回答 ・Copilotモード／GPT-4利用(5回／4時間) ・Wolfram|Alpha ・スレッド履歴 ・AI Plofile機能	・プロンプトの入力と回答 ・Copilotモード／GPT-4利用(300回以上／24時間) ・Wolfram|Alpha ・スレッド履歴 ・AI Plofile機能

03 画像生成を手軽に行う

LINEの「AIイラストくん」ならすぐに作れる

最近話題の画像生成AIですが、利用のハードルが高いのが実情です。しかし、**「AIイラストくん」を使えば、LINEのトーク画面から商用利用可能な画像を生成できます**(注)。なお、無料プランは利用回数に制限があります。

1 生成する画像の種類を選択する

AIイラストくんを友だち登録したら、トークルームを開く。画面下部で生成する画像の種類をタップして選ぶ

2 プロンプトを入力する

次に作りたい画像のイメージを入力して送信する。なお、不適切な文言がある場合は作成できないので注意しよう

3 画像生成を開始する

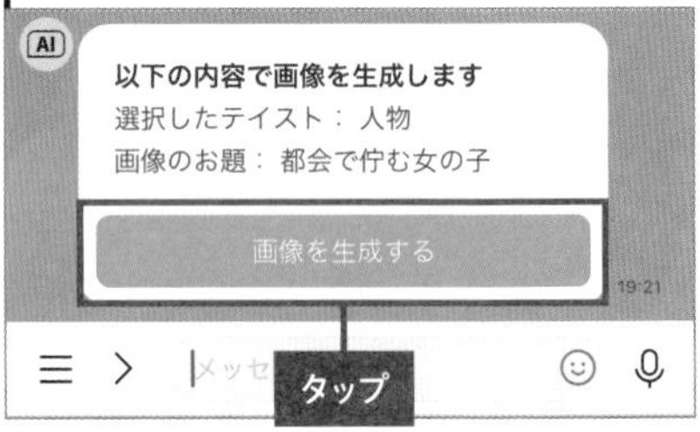

画像生成の確認メッセージが届くので、「画像を生成する」をタップする

4 画像が生成される

1分ほど待つと、画像が生成される。なお「画像のサイズを変更」をタップすると、画像の比率を変更できる

(注)QRコードをP.8に掲載した

Bing Image Creatorで画像を生成する

パソコンで画像を生成するなら、「Bing Image Creator」が最も手軽です。OpenAIが開発したDALL·Eモデルの進化版を使用しており、**画像のイメージをテキストで入力すれば、瞬時に生成できます**。なお、利用にはMicrosoftアカウントが必要で、生成した画像は商用利用できません。

1 プロンプトを入力する

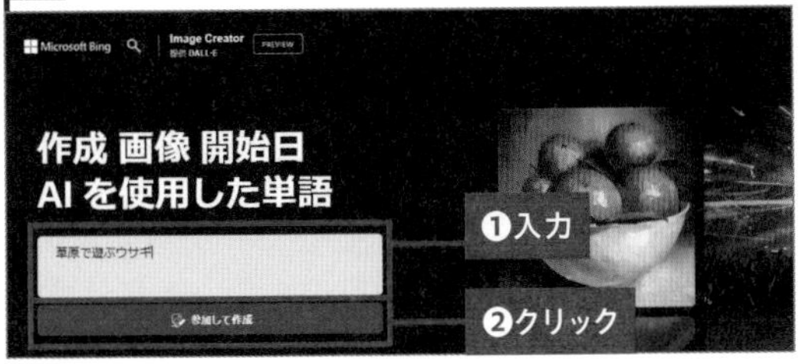

Bing Image Creator
URL：https://www.bing.com/create

Bing Image Creatorを開いたら、作成したい画像のイメージを入力し、「参加して作成」をクリックする。サインインしていない場合は認証画面が表示されるので、画面の指示にしたがってMicrosoftアカウントでサインインしよう

2 画像を選択する

少し待つと4枚の画像が生成されるので、確認したい画像をクリックする

3 画像をダウンロードする

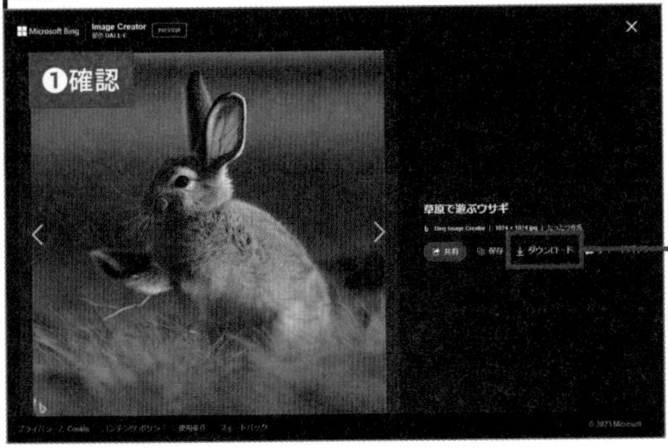

画像が拡大表示される。「ダウンロード」をクリックすると、画像をダウンロードできる

04 Adobe Fireflyで本格的に画像生成

Adobeが提供する画像生成AI

「Adobe Firefly」は、Adobeが提供する画像生成AIサービスです。ほかの画像生成AIのように複雑なプロンプトを入力しなくても、**テキストチャットで指示を出せば高品質な画像を生成できるのが特徴です**。学習データは同社のAdobe Stockに登録された画像を用いているため、著作権問題はクリアしています。

2023年8月中旬現在、ベータ版のため無料での利用が可能ですが、現在は商用不可です。なお、利用するにはAdobeアカウントが必要です。

1 「テキストで画像作成」を開く

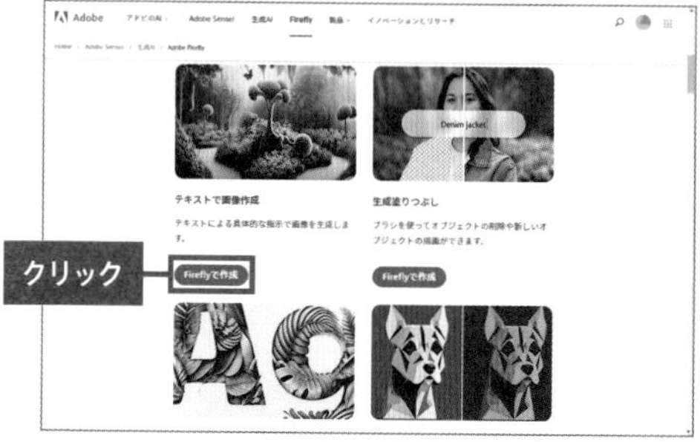

Adobe Firefly
URL：https://firefly.adobe.com/

Adobe Fireflyのページを開いたら、「テキストで画像作成」にある「Fireflyで作成」をクリックする

2 作成するイメージを入力する

画面下部に表示されている入力欄に作りたい画像のイメージを入力し、「生成」をクリックする。なお、この画面に表示されている画像は、すべてテキストから生成したイメージ。画像に合わせると表示される「プロンプトを試す」をクリックすると、その画像のプロンプトを確認できる

3 画像生成を開始する

4枚の画像が生成される。右側のツールで画像比率、コンテンツタイプ、スタイル、色味などを調整する。追加の指示がある場合などは、必要に応じてテキストを追加・修正する。設定した条件で画像を再生成するには「生成」をクリックする

4 再生成した画像を開く

指定した条件で画像が再生成される。これを繰り返してイメージの画像を作成していく。画像を確認したい場合は、その画像をクリックする

5 画像をダウンロードする

画像が拡大表示される。画像をダウンロードしたい場合は、ダウンロードアイコンをクリックすればよい

COLUMN

Firefly で利用できる機能

Adobe Fireflyは、テキストから画像を作成するだけではありません。任意のテキストにさまざまなエフェクトを適用する「テキスト効果」、画像のオブジェクト生成や削除ができる「生成塗りつぶし」、画像の色味を変化させる「生成再配色」などの機能が利用できます。またFireflyの各機能は、順次PhotoshopやIllustratorから利用できるようになる予定です。

CHAPTER 7

05 美しいプレゼンを簡単に作成する

プレゼン資料をサクッと作れる「Tome」

「何を書くか」「どのように構成するか」といったことで悩みがちなのがプレゼン資料の作成です。そこで使いたいのが「Tome(トーム)」。これは、**作りたいプレゼンのテーマを入力するだけで簡単にプレゼンなどの資料を作成できるAIツールです**。プレゼン作りで最も頭を悩ませるアウトライン作成に重宝するでしょう。なお、利用には無料アカウントの作成が必要です。

1 プレゼン資料の作成を始める

Tome
URL：https://tome.app/

Tomeのページを開いたら、画面右上にある「作成」をクリックする

2 プレゼンのテーマを入力する

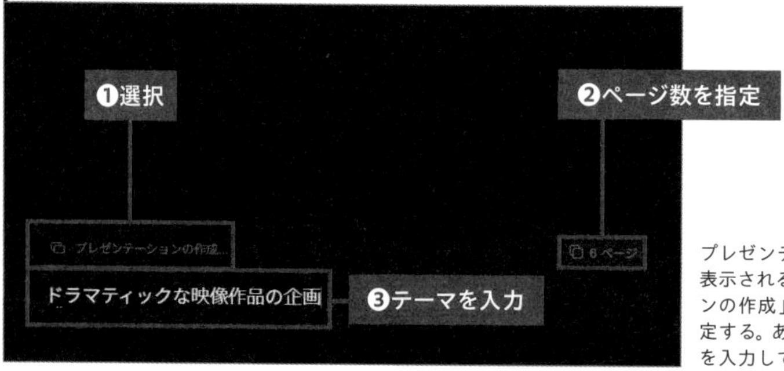

プレゼンテーションの作成画面が表示されるので、「プレゼンテーションの作成」を選択し、ページ数を指定する。あとは、プレゼンのテーマを入力してEnterキーを押す

3 プレゼンを生成する

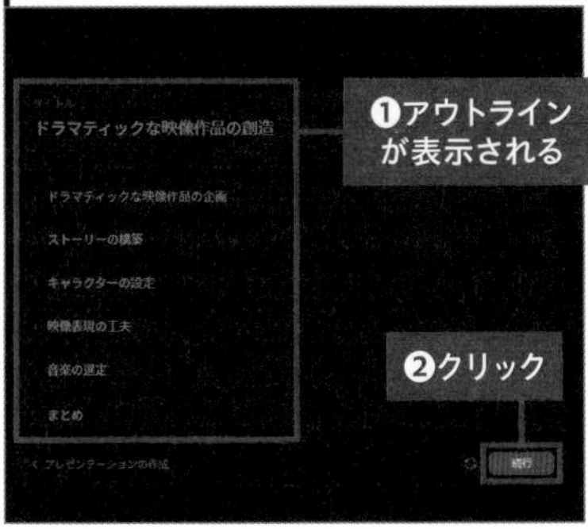

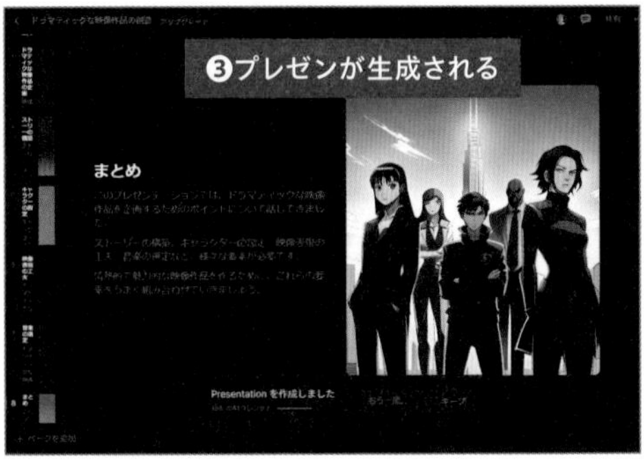

アウトラインが生成される。アウトラインは、必要に応じてテキストの修正や順番の入れ替えなどの修正が可能。「続行」をクリックすると、アウトラインに沿ったプレゼンテーションが生成される

4 スライドを編集する

右側に表示されているツールを使って、選択中のスライドを修正できる。プレゼンを確認するには、右上の再生ボタンをクリックする

COLUMN

サインアップすると利用できる機能

Tomeは無料プランでは、最初に500クレジットがもらえます。1回作成するごとに15クレジット消費するため、無料で作成できるのは33回となります。有料のプロプランにアップグレードすると、無制限で作成できるようになるので、必要に応じてアップグレードを検討するといいでしょう。なお、プロプランでは、PDFへのエクスポートなどの機能も利用できるようになります。

プラン	フリー	プロ
料金	無料	月額10ドルまたは年額96ドル
tomeの作成	・個人単位で無制限 ・2人以上のワークスペースあたり50件のTome	個人／ワークスペース単位で、ともに無制限
AI機能クレジット	1人あたり500AIクレジット	個人／ワークスペース単位で、ともに無制限
その他機能		・PDFにエクスポート ・Tomeブランディングの削除 ・カスタムロゴの追加 ・優先サポート

ドキュメントを書くだけでプレゼン資料を作れる「Gamma」

「Gamma(ガンマ)」も作りたいテーマやキーワードを入力するだけで、プレゼン資料を自動生成するAIサービスです。美しいスタイルが多く用意されており、あっという間にリッチなプレゼン資料が作れます。外部サービスとの連携、直感的な編集操作などの優れた機能を多く搭載しているのが特徴です。なお、こちらのサービスを利用する場合も無料アカウントの作成が必要です。

1 プレゼン資料の作成を始める

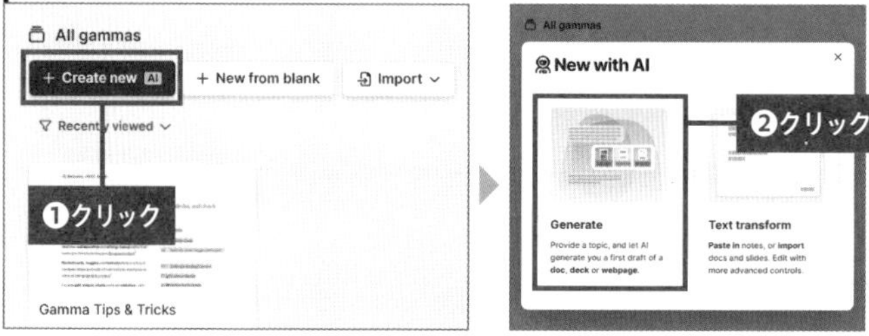

Gamma
URL：https://gamma.app/

Gammaのページを開いたら、画面左上にある「Create new」をクリック。開いたダイアログの「Generate」をクリックする

2 プレゼンのテーマを入力する

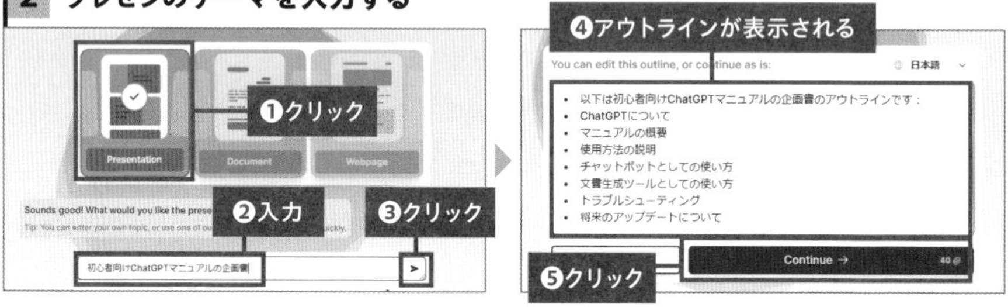

作成画面が表示されるので、「Presentation」を選択し、プレゼンのテーマを入力して紙飛行機アイコンをクリック。アウトラインが作成されるので、「Continue」をクリックする

3 外観のスタイルを選択する

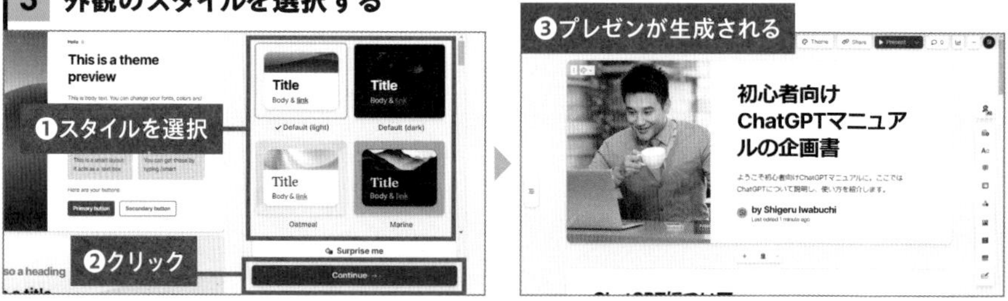

外観のスタイルを選択し、「Continue」をクリックする。しばらくすると指定したスタイルでプレゼンが生成される。各スライドは、画面右側のツールを使って編集できる

06 CLOVA Noteで会議を文字起こしする

月300分まで無料で使えるAI文字起こしサービス

「CLOVA Note（クローバ・ノート）」は、音声データの文字起こしを助けるAIサービスです。月300分までの利用が無料で、手軽に高精度な文字変換が行えます。会議やインタビューの録音をアップロードすれば時間のかかる文字起こし作業を軽減できます。スマホアプリの「LINE CLOVA Note」で録音したデータなら、アップロードの作業は不要で音声データの文字起こしや編集が可能になります。なお、対象言語は日本語、英語、韓国語です。

1 ファイルをアップロードする

CLOVA Note（クローバ・ノート）

URL：https://clovanote.line.me/

CLOVA Noteのページを開いたら、「新しいノートを作成」をクリック。「ファイルアップロード」をクリックし、音声ファイルをアップロードする

2 文字起こしを確認する

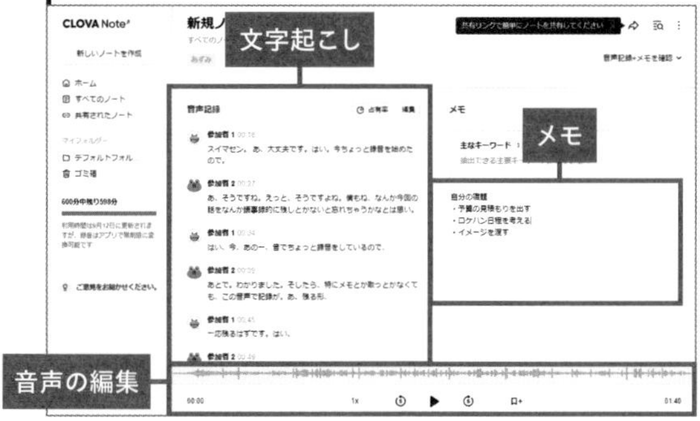

音声データの変換が終わると、文字起こしされたテキストが表示される。この画面では話者の変更、メモの追加／編集、音声の編集といった操作が可能だ

STAFF

執筆協力
岩渕 茂／守屋恵一／宮下由多加／関 克美

編集協力
クライス・ネッツ

カバーデザイン
小口翔平、奈良岡菜摘（tobufune）

本文デザイン
森 雄大

カバー・表紙・本文イラスト
セキサトコ

ChatGPT120%仕事術

2023年9月28日 第1刷発行

著者　ChatGPTビジネス研究会

発行人　蓮見清一

発行所　株式会社宝島社

〒102-8388
東京都千代田区一番町25番地

電話：（編集）03-3239-0928
（営業）03-3234-4621

https://tkj.jp

印刷・製本　サンケイ総合印刷株式会社

ISBN 978-4-299-04674-1